바이러스 사냥꾼

펴낸날 초판 1쇄 2021년 8월 30일
지은이 톤 쾨네 | **옮긴이** 김미선 | **감수** 서울과학교사모임
펴낸이 정현문 | **편집장** 양덕모 | **마케팅** 신유진 | **디자인** 이정민
펴낸곳 책과콩나무 | **등록** 제2020-000163호
주소 서울시 영등포구 양평로 157, 1212호
전화 02-3141-4772(마케팅), 02-6326-4772(편집) | **팩스** 02-6326-4771
이메일 bookngean@naver.com
블로그 http://blog.naver.com/booknbean
인스타그램 www.instagram.com/booknbean01
ISBN 979-11-89734-72-5 (73470)
값 14,500원

· 제품명 : 아동 도서 · 제조자명 : 책과콩나무 · 제조국명 : 대한민국 · 전화번호 : 02-6326-4772
· 주소 : 서울시 영등포구 양평로 157, 1212호 · 제조년월 : 2021년 8월 30일 · 사용연령 : 8세 이상
· 주의사항 : 종이에 베이거나 긁히지 않도록 조심하세요. 책 모서리가 날카로우니 던지거나 떨어뜨리지 마세요.
KC마크는 이 제품이 공통안전기준에 적합하였음을 의미합니다.

바이러스를 쉽고 빠르게 이해하는 최고의 과학동화

바이러스 사냥꾼

톤 쾨네 지음
김미선 옮김
서울과학교사모임 감수 · 추천

책과콩나무

새로운 바이러스가 눈 깜짝할 사이에 전 세계로 퍼졌어요. 아이들은 이제 학교에 가지 못해요. 상점이며 공장, 사무실도 모두 문을 닫고 말았지요. 모두들 집에만 있어야 해요. 수많은 사람이 고통에 신음하고 있어요.

하지만 희망은 있어요. 세상에서 가장 뛰어난 과학자들이 비밀 연구실에 한데 모였거든요. 체마티펜츠 박사와 동료들은 발명품을 하나 만들어 냈어요. 바로 무엇이든 작게 만들 수 있는 광선이지요. 이 장비 덕분에 과학자들은 잠수함을 눈에 보이지도 않을 만큼 작게 만들어서 환자 몸속에 넣을 수 있게 되었어요. 그러면 조종사가 바이러스를 추적하여 더 많은 정보를 알게 되지요.

과학자들은 모험을 떠날 적임자로 열한 살 여자아이를 선택했어요. 아이의 이름은 '조에'예요. 어린이만이 이 위험한 여행을 떠날 수 있어요. 대부분의 아이는 바이러스에 큰 영향을 받지 않기 때문이지요.

어떤 환자가 몸에 온갖 약물과 기계를 달고 누워 있었어요. 조에는 이 환자의 몸속을 조사할 거예요. 박사님이 조에를 다독였어요.

"무전으로 너와 계속 연락할 거야. 카메라로 너를 지켜보면서 어디로 가야 할지 알려 주마. 하지만 조심하렴. 이 여행은 매우 위험할 수 있으니. 환자의 몸이 너를 침입자로 여겨 공격할 수도 있어."

조에가 고개를 끄덕이고는 잠수함에 올라탔어요.

박사님이 무엇이든 작게 만드는 광선을 쏘자…….

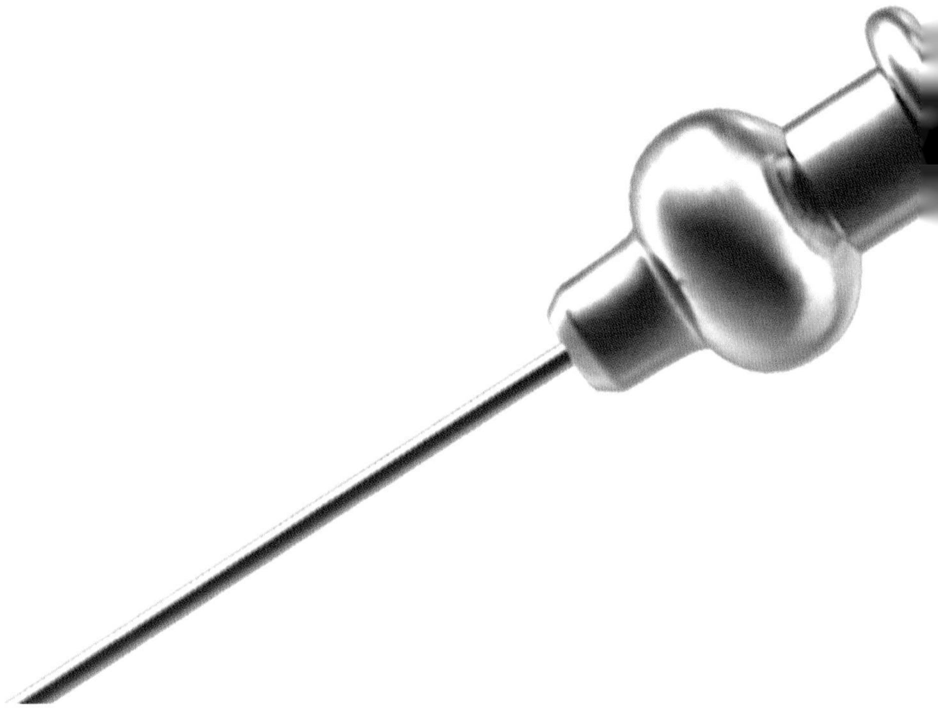

잠시 뒤, 조에와 잠수함이 정말로 줄어들었어요!

박사님은 조에가 탄 잠수함을 주사기에 넣고는 환자의 혈관에 주입했어요. 잠수함은 순식간에 환자의 동맥으로 들어갔지요.

조에가 들어가기가 무섭게 환자 몸속에서는 **자체 방어 시스템**이 작동되었어요. 우리 몸은 자신이 원하지 않는 침입자를 반가워하지 않거든요.

"박사님, 저 괴상하게 생긴 거미는 뭐예요?"

조에가 무전기에 대고 소리쳤어요.

"**박테리오파지***라는 거야. 세균을 뚫고 들어가 그 안에서 증식하는 바이러스지. 너도 세균 중 하나라고 여기는 것 같아!"

조에가 전속력으로 앞질러 나가자, 박테리오파지가 모기 떼처럼 달려들었어요.

"미안, 얘들아. 너희가 좋은 일을 하고 있다는 건 알지만, 나도 중요한 임무가 있거든. 그러니 좀 지나갈게."

***박테리오파지** | 세균(박테리아)에 침입하여 자신을 복제하는 바이러스로, 사람의 경우 대장균에 많이 존재한다.

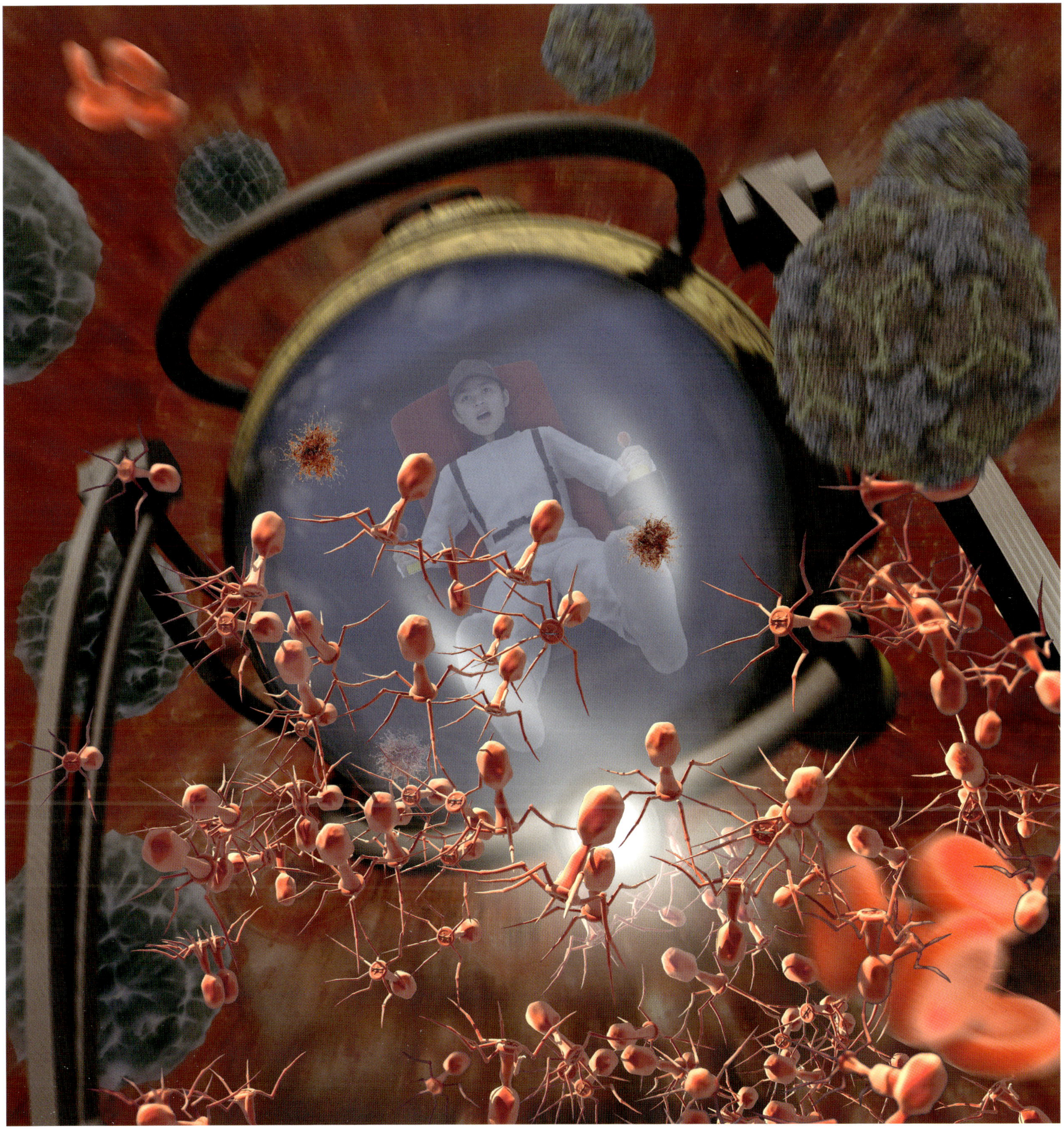

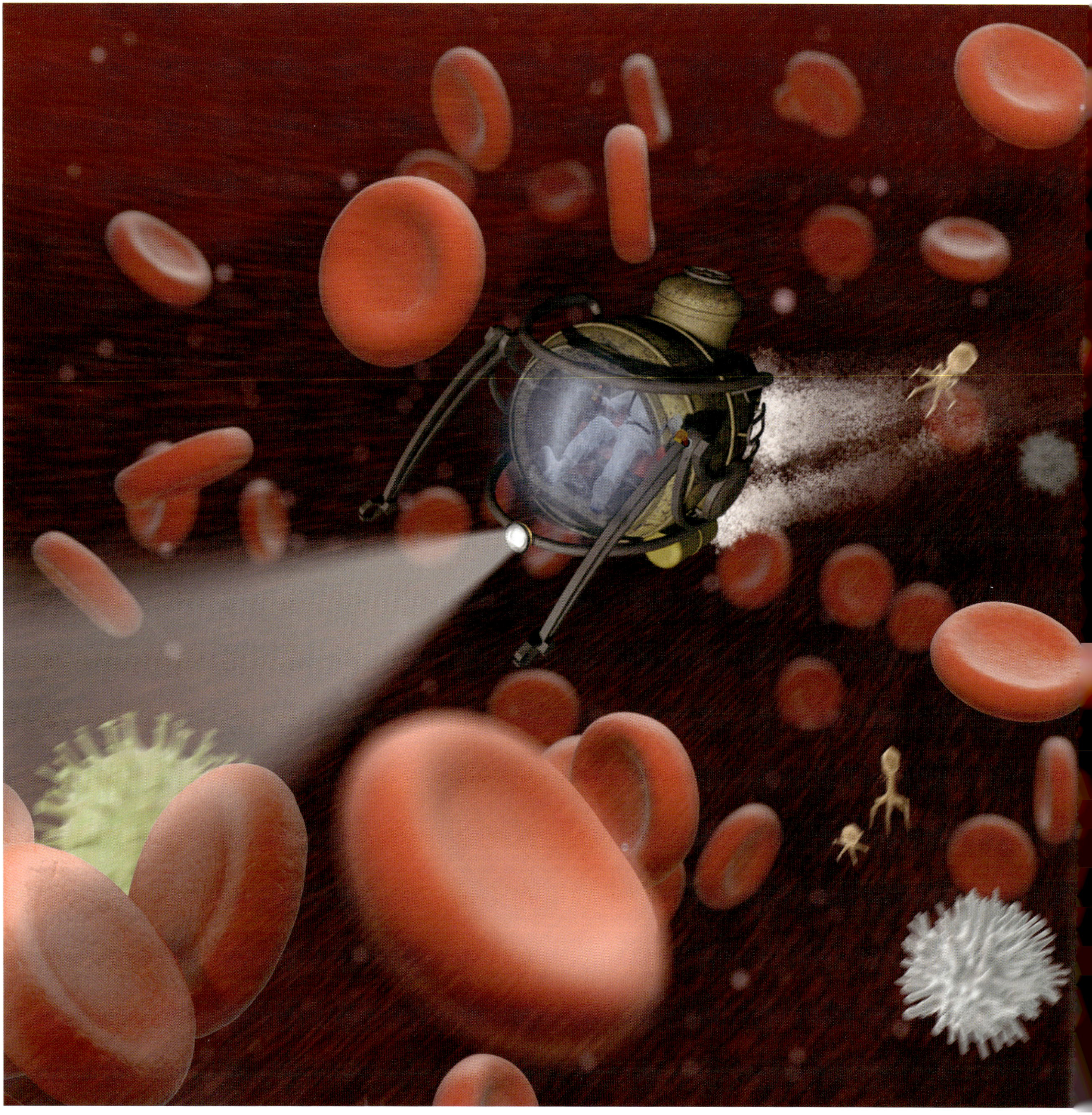

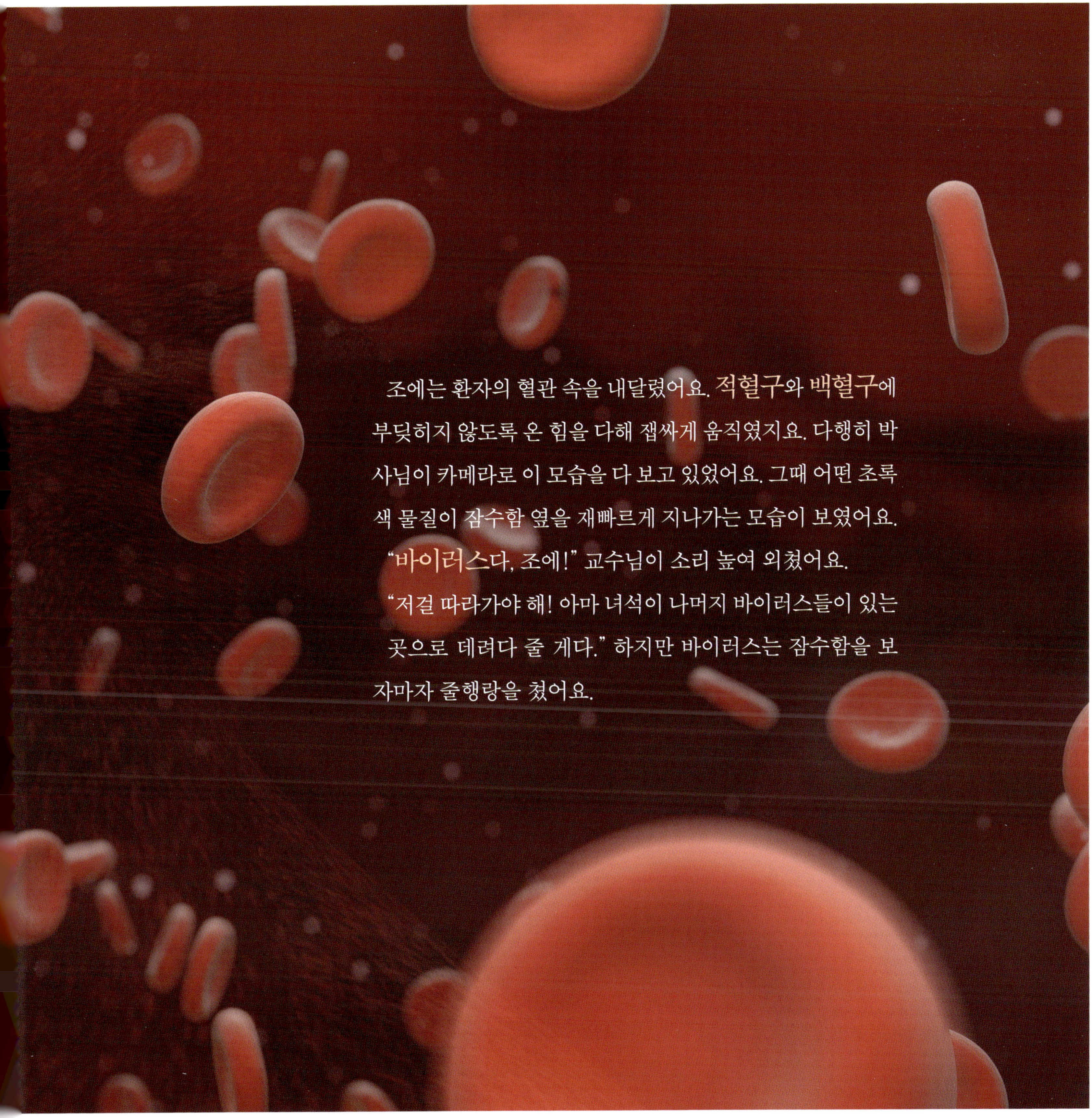

조에는 환자의 혈관 속을 내달렸어요. 적혈구와 백혈구에 부딪히지 않도록 온 힘을 다해 잽싸게 움직였지요. 다행히 박사님이 카메라로 이 모습을 다 보고 있었어요. 그때 어떤 초록색 물질이 잠수함 옆을 재빠르게 지나가는 모습이 보였어요.

"바이러스다, 조에!" 교수님이 소리 높여 외쳤어요.

"저걸 따라가야 해! 아마 녀석이 나머지 바이러스들이 있는 곳으로 데려다 줄 게다." 하지만 바이러스는 잠수함을 보자마자 줄행랑을 쳤어요.

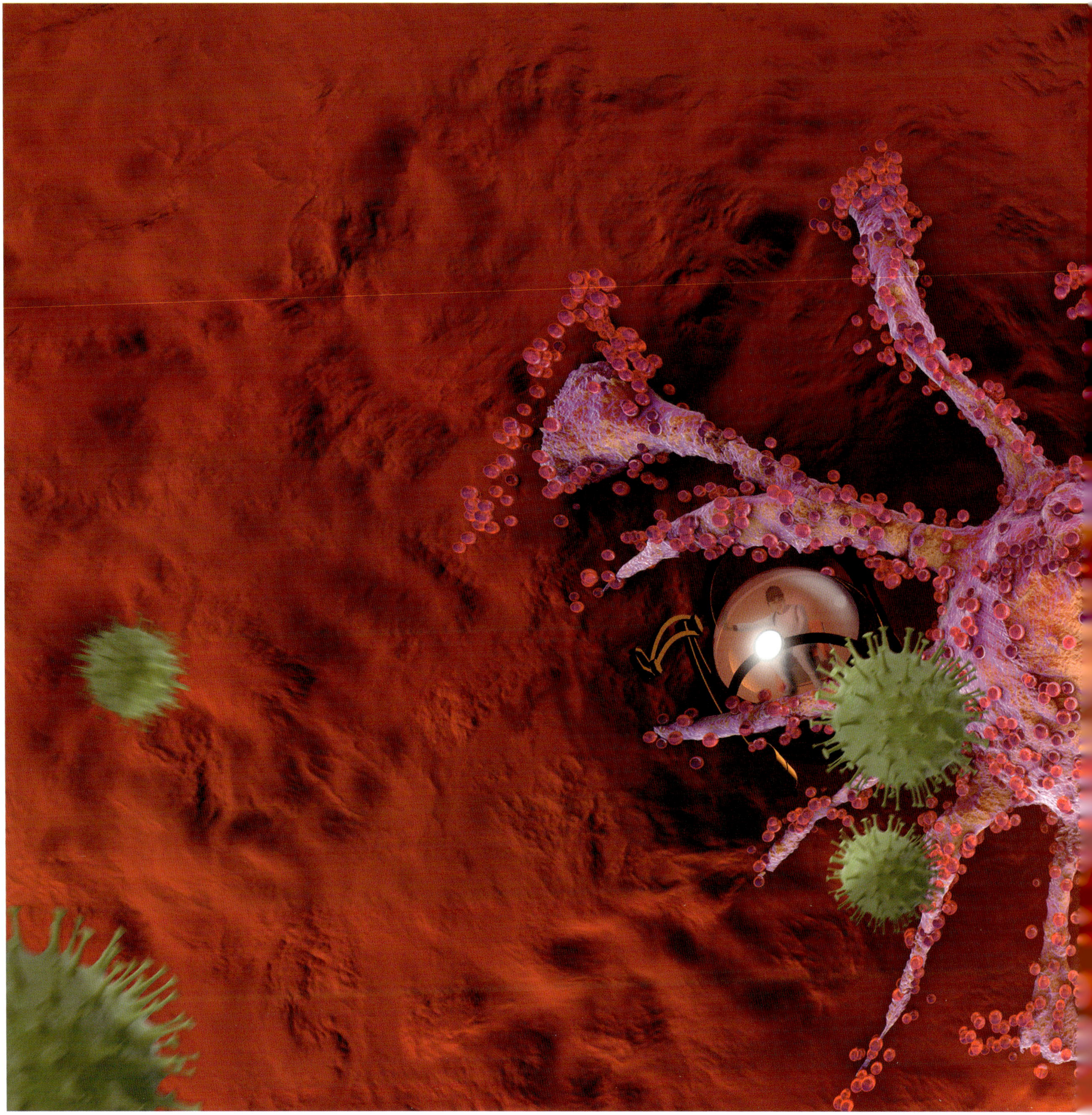

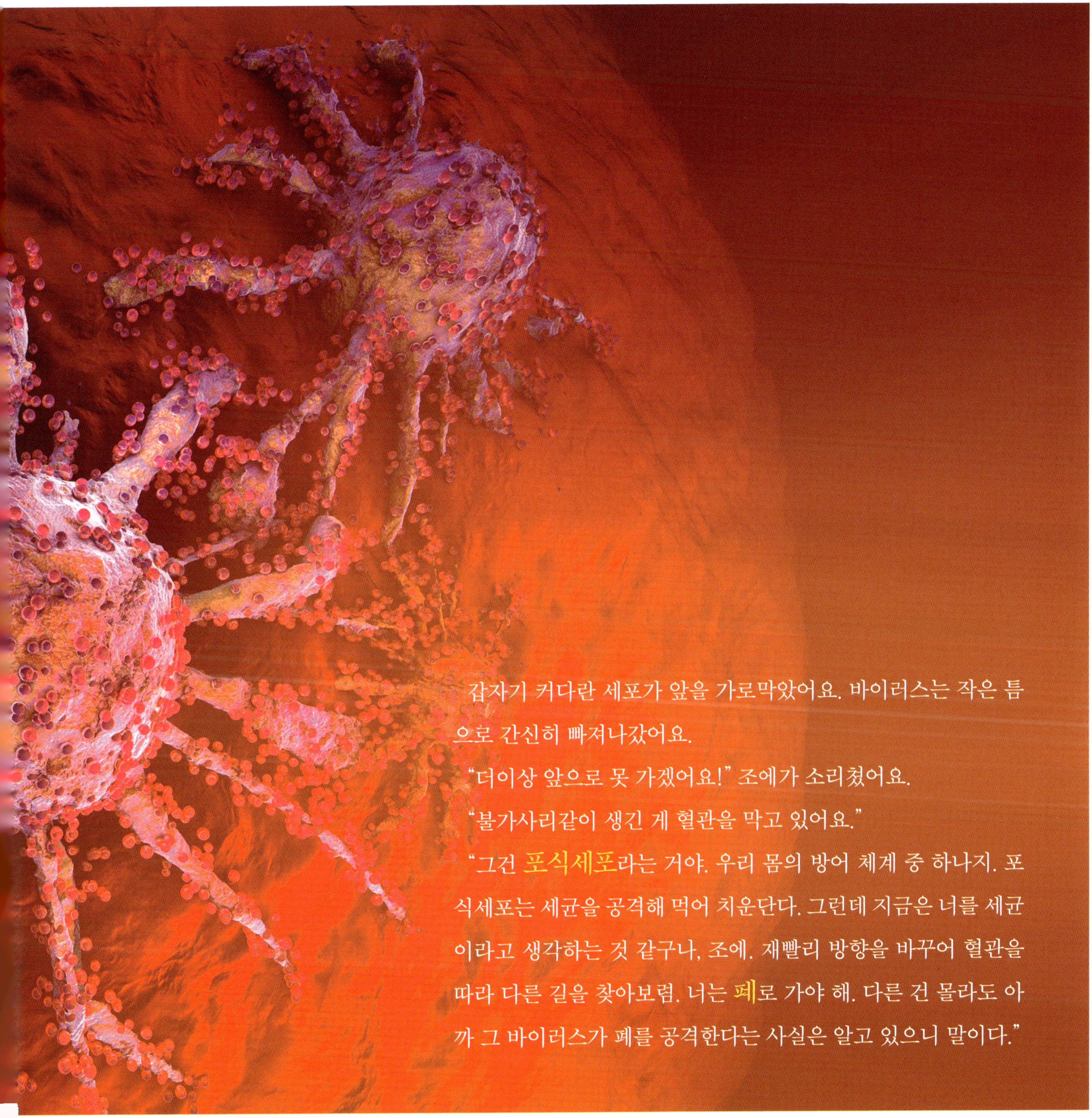

갑자기 커다란 세포가 앞을 가로막았어요. 바이러스는 작은 틈으로 간신히 빠져나갔어요.

"더이상 앞으로 못 가겠어요!" 조에가 소리쳤어요.

"불가사리같이 생긴 게 혈관을 막고 있어요."

"그건 포식세포라는 거야. 우리 몸의 방어 체계 중 하나지. 포식세포는 세균을 공격해 먹어 치운단다. 그런데 지금은 너를 세균이라고 생각하는 것 같구나, 조에. 재빨리 방향을 바꾸어 혈관을 따라 다른 길을 찾아보렴. 너는 폐로 가야 해. 다른 건 몰라도 아까 그 바이러스가 폐를 공격한다는 사실은 알고 있으니 말이다."

조에는 혈관 벽을 타고 곧장 나아가 환자의 콧속으로 들어갔어요. 바이러스 입자가 점막에 붙어 있는 털들 위로 둥둥 떠다니는 모습이 보였지요.

“아, 저기에 숨어 있었네! 박사님, 저 웃기게 생긴 털들은 뭐예요?”

“저건 섬모라는 건데 인간의 질병 방어 체계 중 하나야, 조에. 바이러스가 달라붙으면 죽게 만들지.”

"저기 있는 바이러스를 하나 잡아 볼게요."

조에는 잠수함의 집게를 앞으로 조종해 바이러스를 잡았어요.

"잡았다!"

이번에는 철제 뱃머리를 움직여 천천히 다가갔어요. 바이러스가 너무 익은 토마토처럼 퍽 터져 버렸지요.

"만세, 바이러스를 없앴어요!" 조에가 들뜬 목소리로 외쳤어요.

"그래, 맞다. 하지만 안타깝게도 그건 흔한 감기 바이러스야. 우리가 찾는 바이러스가 아니지."

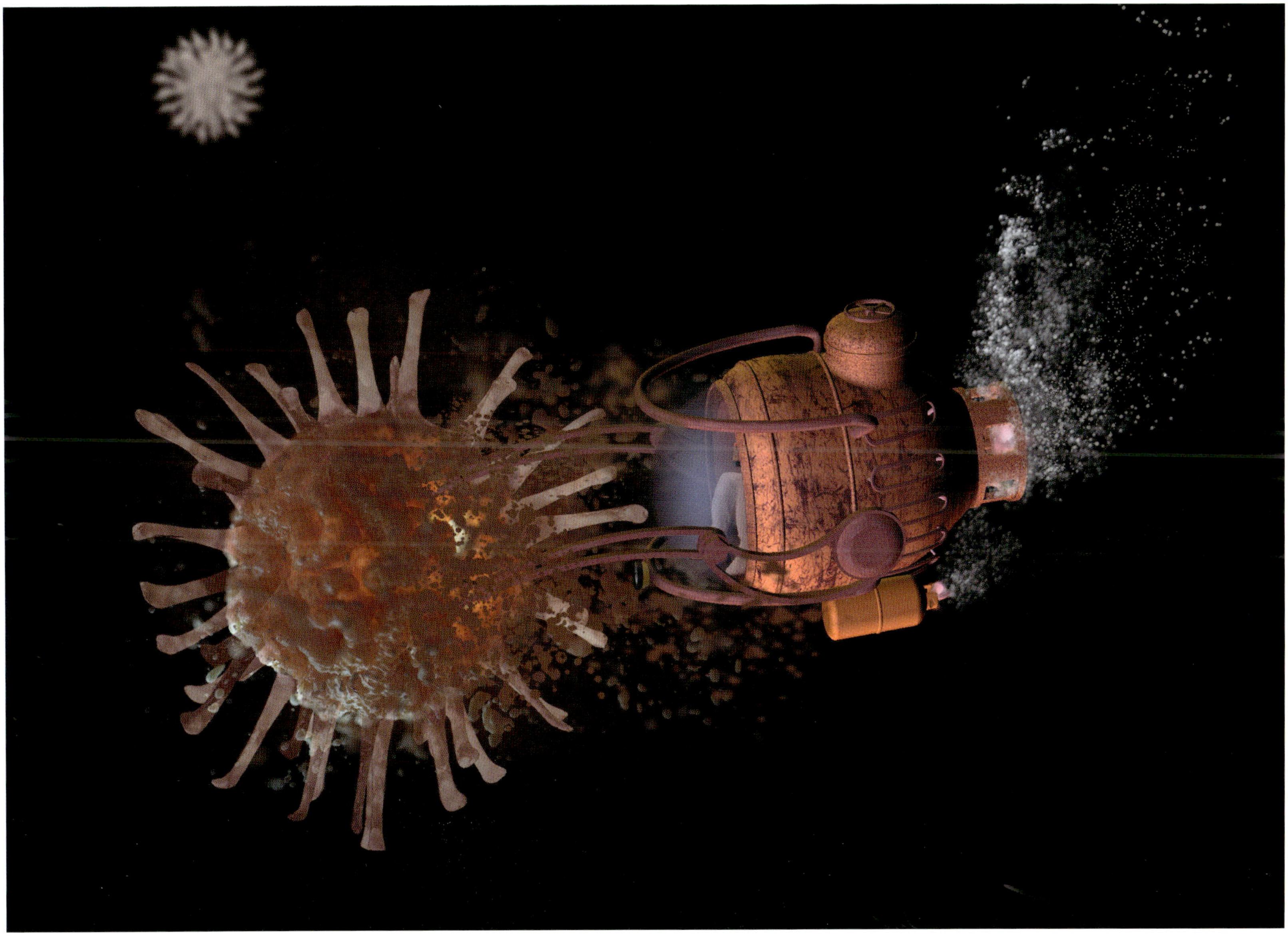

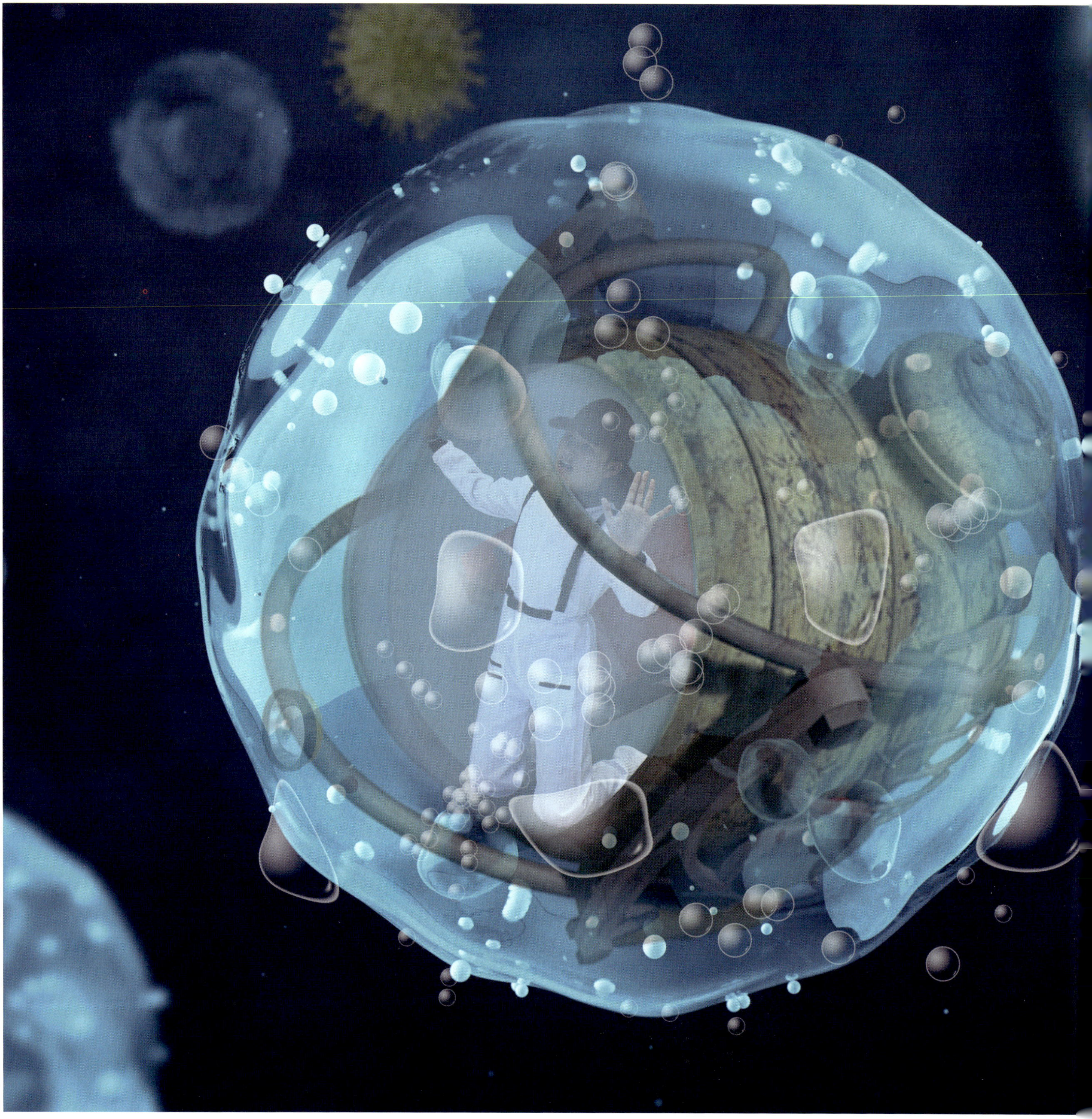

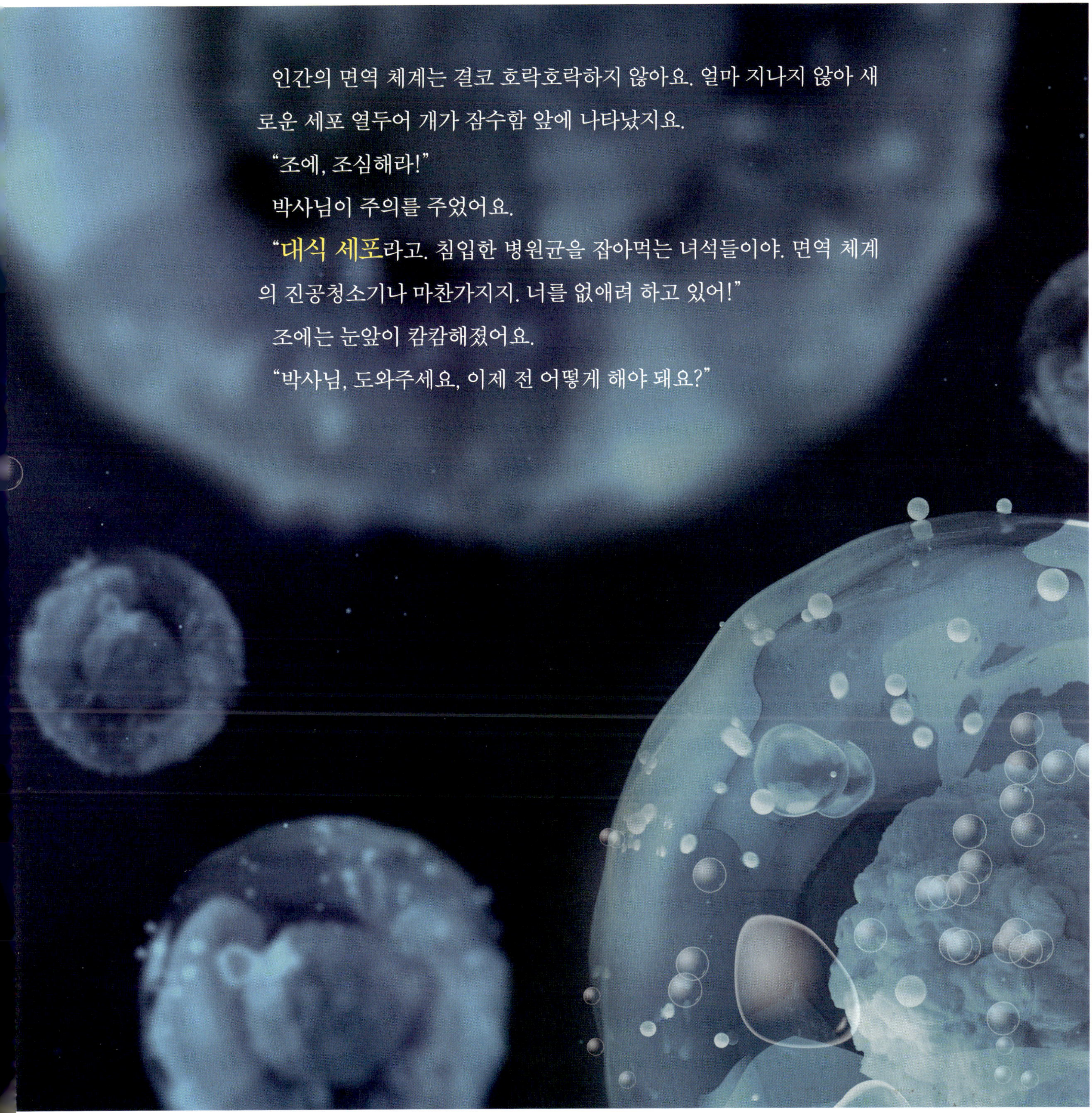

인간의 면역 체계는 결코 호락호락하지 않아요. 얼마 지나지 않아 새로운 세포 열두어 개가 잠수함 앞에 나타났지요.

"조에, 조심해라!"

박사님이 주의를 주었어요.

"**대식 세포**라고. 침입한 병원균을 잡아먹는 녀석들이야. 면역 체계의 진공청소기나 마찬가지지. 너를 없애려 하고 있어!"

조에는 눈앞이 캄캄해졌어요.

"박사님, 도와주세요, 이제 전 어떻게 해야 돼요?"

박사님이 재빨리 응답해 주었어요.

"전속력으로 앞으로 가라. 그러면 녀석들이 너를 빨아들일 수 없을 거야."

조에는 잠수함의 조종간을 있는 힘껏 앞으로 밀었어요. 잠수함이 앞으로 총알같이 나아갔지요.

그러자 **대식 세포**는 비눗방울처럼 펑하고 터졌어요.

"박사님, 제가 어디까지 온 거예요?"

조에는 기다란 끈같이 생긴 것들이 둥둥 떠다니는 공간으로 들어섰어요. 끈에서는 이따금 불빛이 반짝였지요.

"신경계 안으로 들어온 거야. 봐라, 저 기다란 끈이 신경 세포란다. 감각 기관을 통해 들어온 자극을 뇌로 전달하는 역할을 하지. 그래서 사람이 보고, 듣고, 느낄 수 있는 거란다. 또 냄새를 맡거나 음식의 맛을 알 수도 있는 거지."

조에는 잠수함 다리로 끈을 꾹 눌러 보았어요.

"바이러스에 감염된 사람들은 이런 기능이 제대로 작동하지 않는단다. 내가 지금 환자 바로 옆에 앉아 있는데, 네가 어떻게 움직이든 제대로 반응하지 않는구나……. 별로 안 좋은 징조야!"

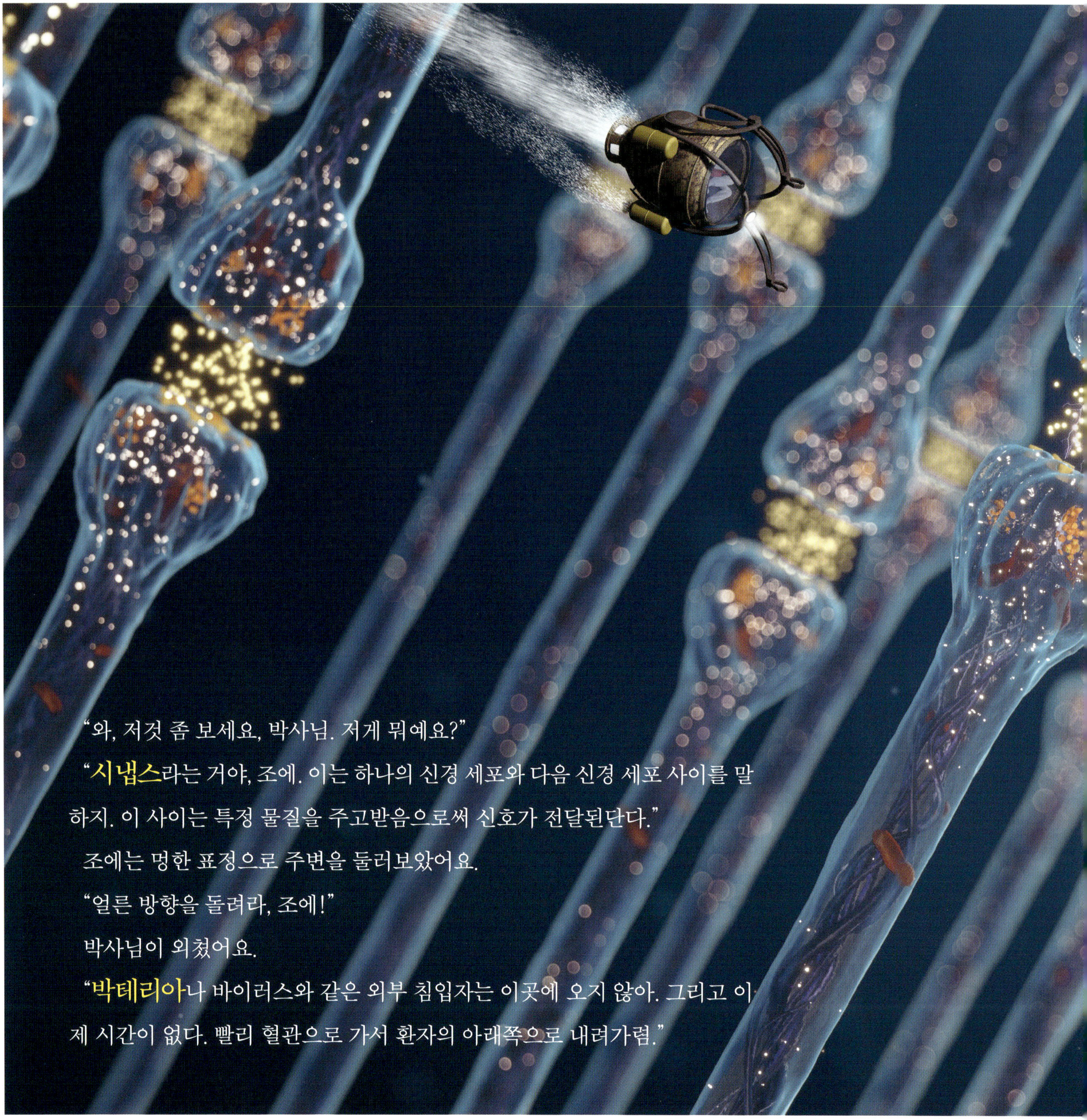

"와, 저것 좀 보세요, 박사님. 저게 뭐예요?"

"**시냅스**라는 거야, 조에. 이는 하나의 신경 세포와 다음 신경 세포 사이를 말하지. 이 사이는 특정 물질을 주고받음으로써 신호가 전달된단다."

조에는 멍한 표정으로 주변을 둘러보았어요.

"얼른 방향을 돌려라, 조에!"

박사님이 외쳤어요.

"**박테리아**나 바이러스와 같은 외부 침입자는 이곳에 오지 않아. 그리고 이제 시간이 없다. 빨리 혈관으로 가서 환자의 아래쪽으로 내려가렴."

"바이러스가 보여요!"

조에가 신이 나서 외쳤어요.

"지금 당장 따라갈게요!"

하지만 **바이러스**는 이미 잠수함이 온다는 사실을 알아채고는 도망가 버렸어요.

"조에, 또 놓치면 안 된다!"

안타깝게도 초록색 바이러스는 잠수함보다 빨랐어요. 결국 조에는 또다시 눈앞에서 바이러스를 놓치고 말았지요.

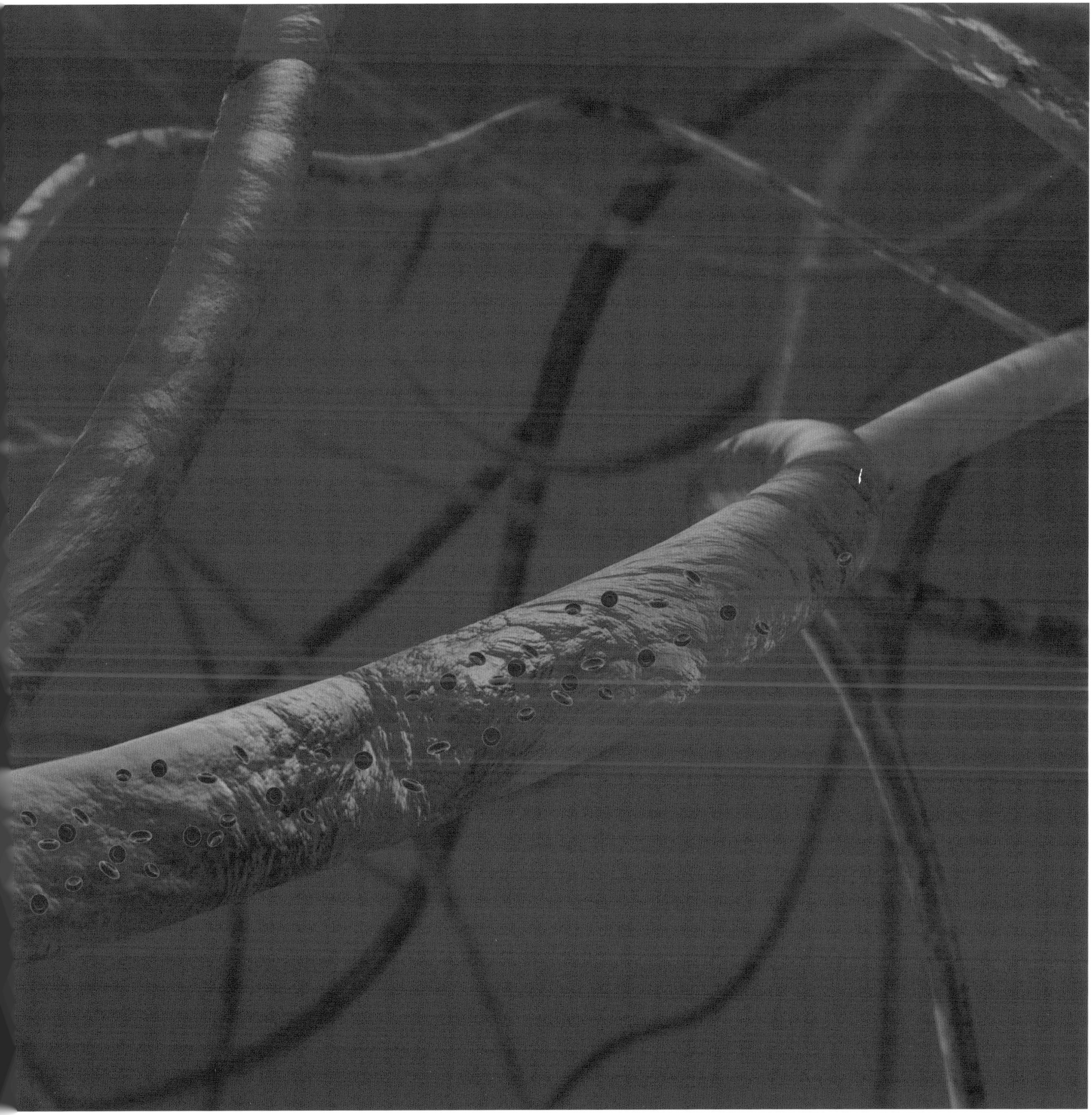

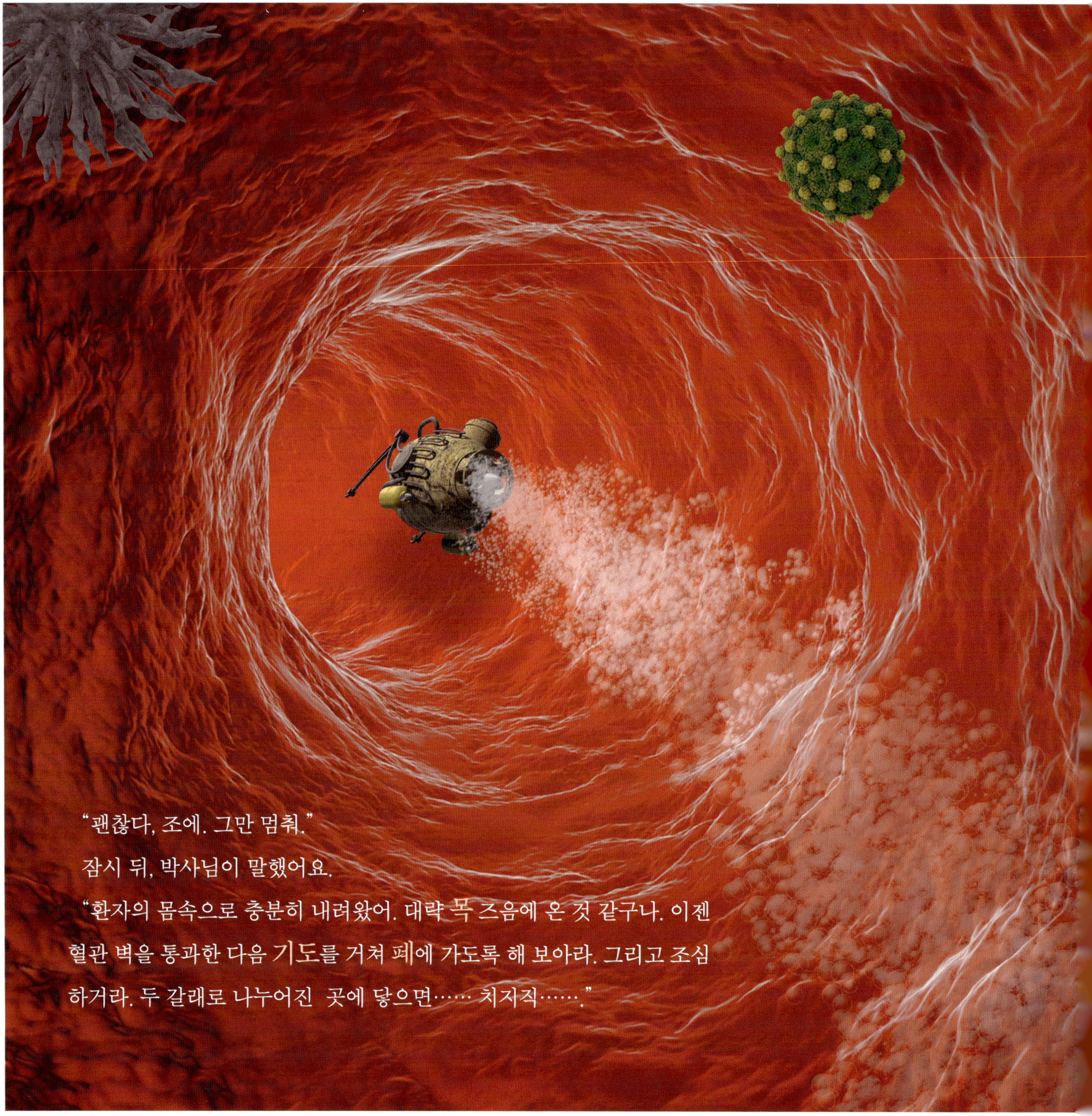

"괜찮다, 조에. 그만 멈춰."

잠시 뒤, 박사님이 말했어요.

"환자의 몸속으로 충분히 내려왔어. 대략 목 즈음에 온 것 같구나. 이젠 혈관 벽을 통과한 다음 기도를 거쳐 폐에 가도록 해 보아라. 그리고 조심하거라. 두 갈래로 나누어진 곳에 닿으면…… 치지직……"

통신이 그만 끊기고 말았어요.

"박사님, 박사님? 아직 거기 계세요? 여보세요?
지금 두 갈래 길 앞이에요. 여기서 어느 쪽으로 가야 해요?"

아무 대답이 없었어요.

"어쩔 수 없네. 내가 결정할 수밖에."

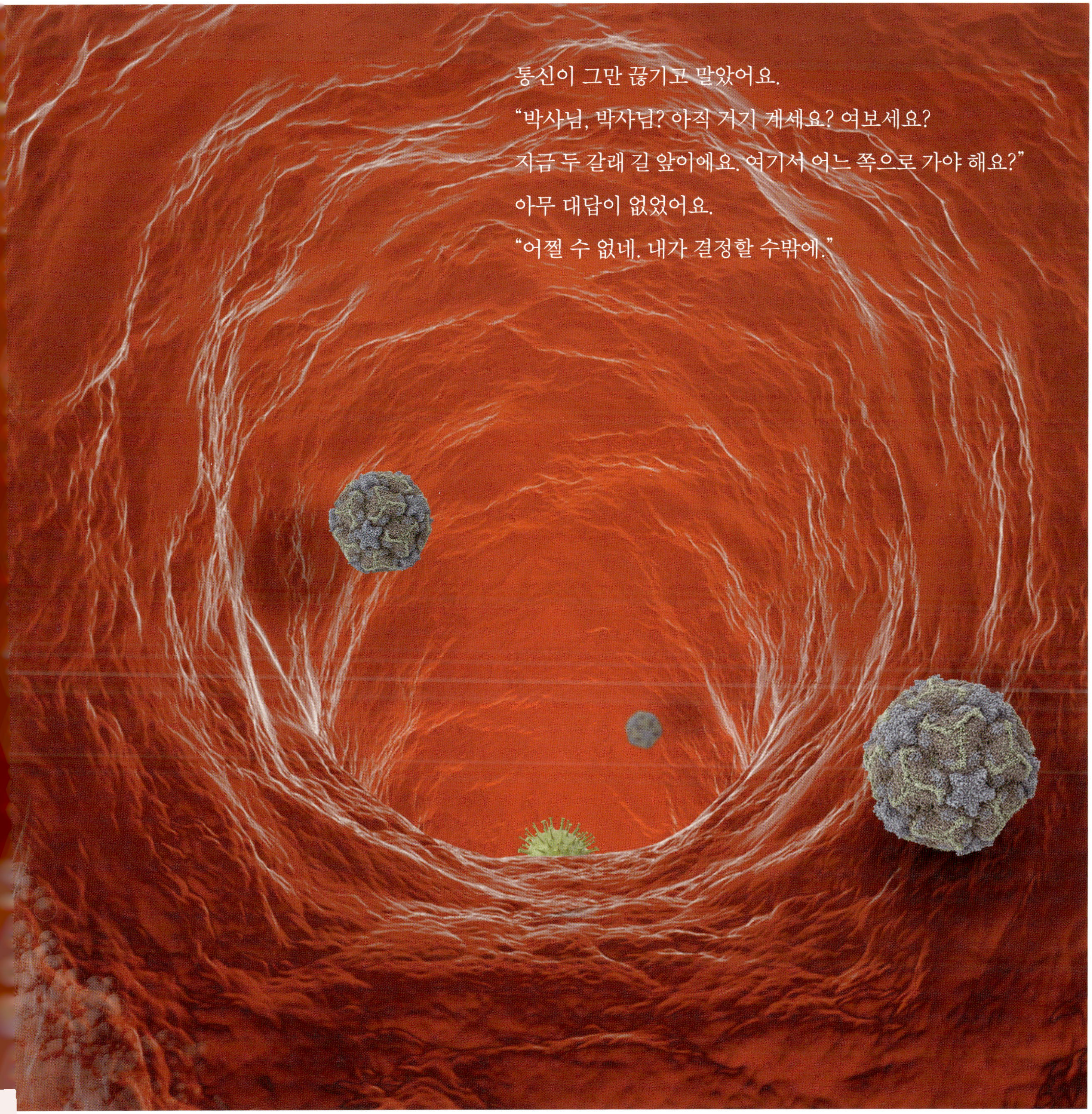

조에는 넓은 공간에 다다랐어요.

"이게 아마 폐일 거야. 저 주황색 돌기가 분명히 허파꽈리(폐포)겠지. 그런데 바이러스는 어디에 있지? 박사님이 분명히 여기에 있을 거라 말씀하셨는데?"

조에가 혼자 중얼거렸어요.

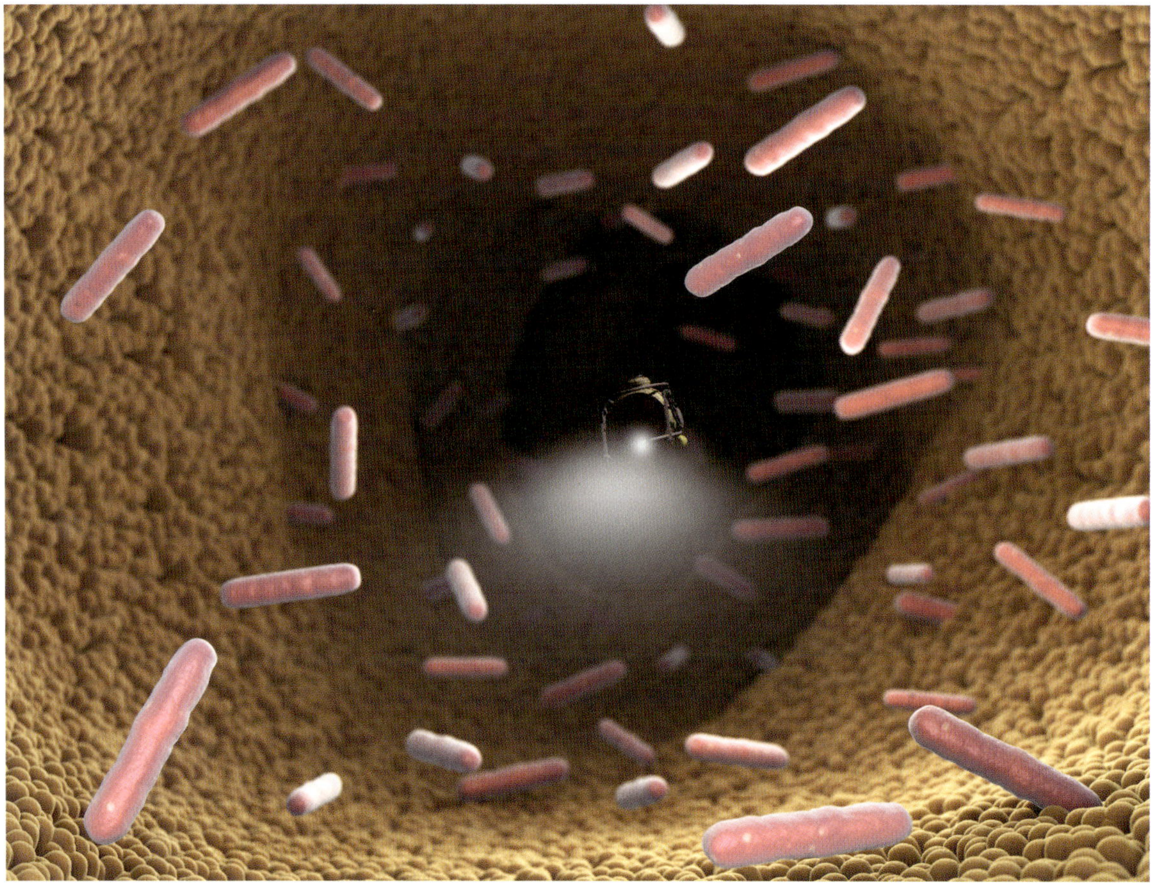

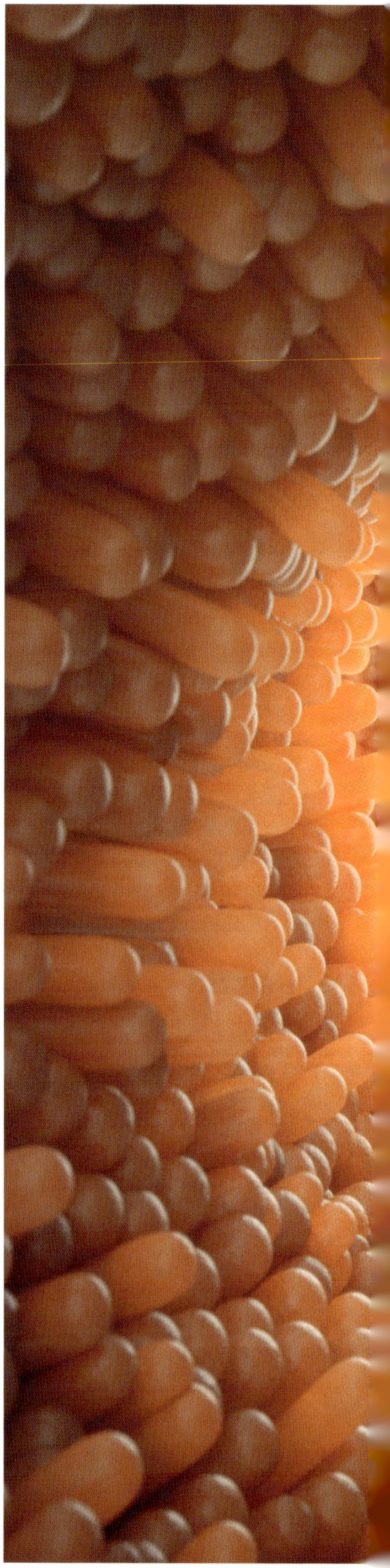

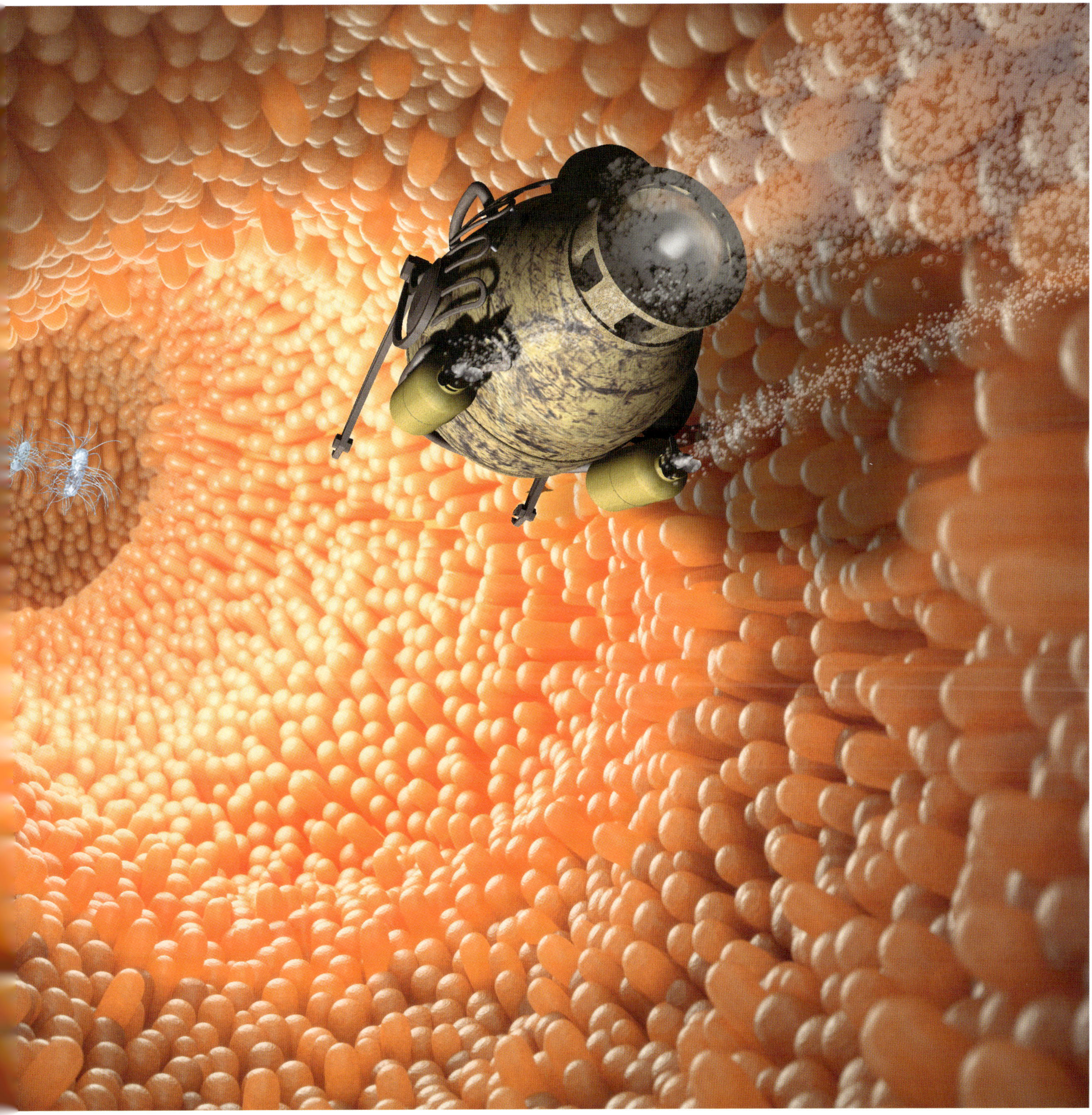

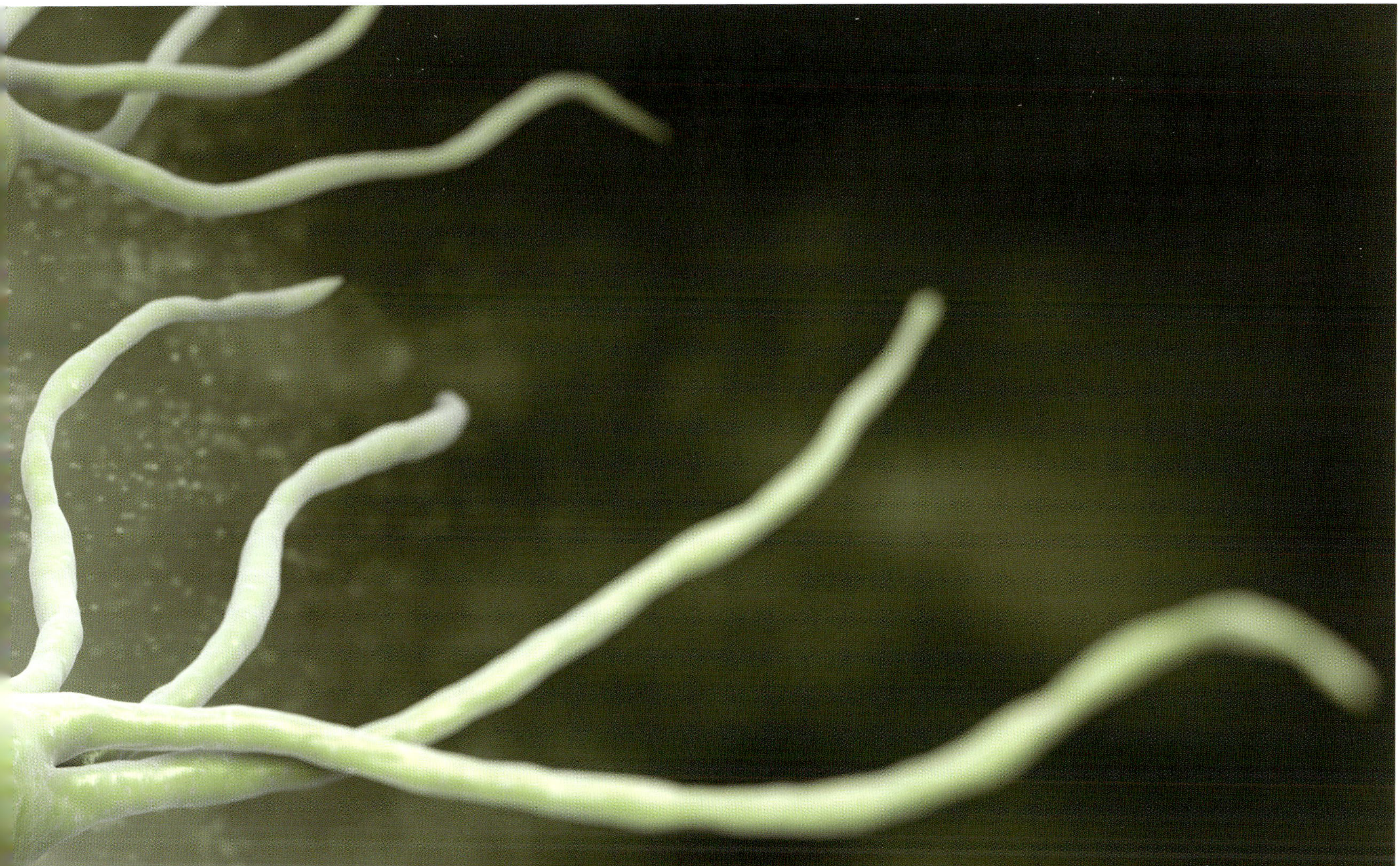

"저기 있다!"

조에가 소리쳤어요.

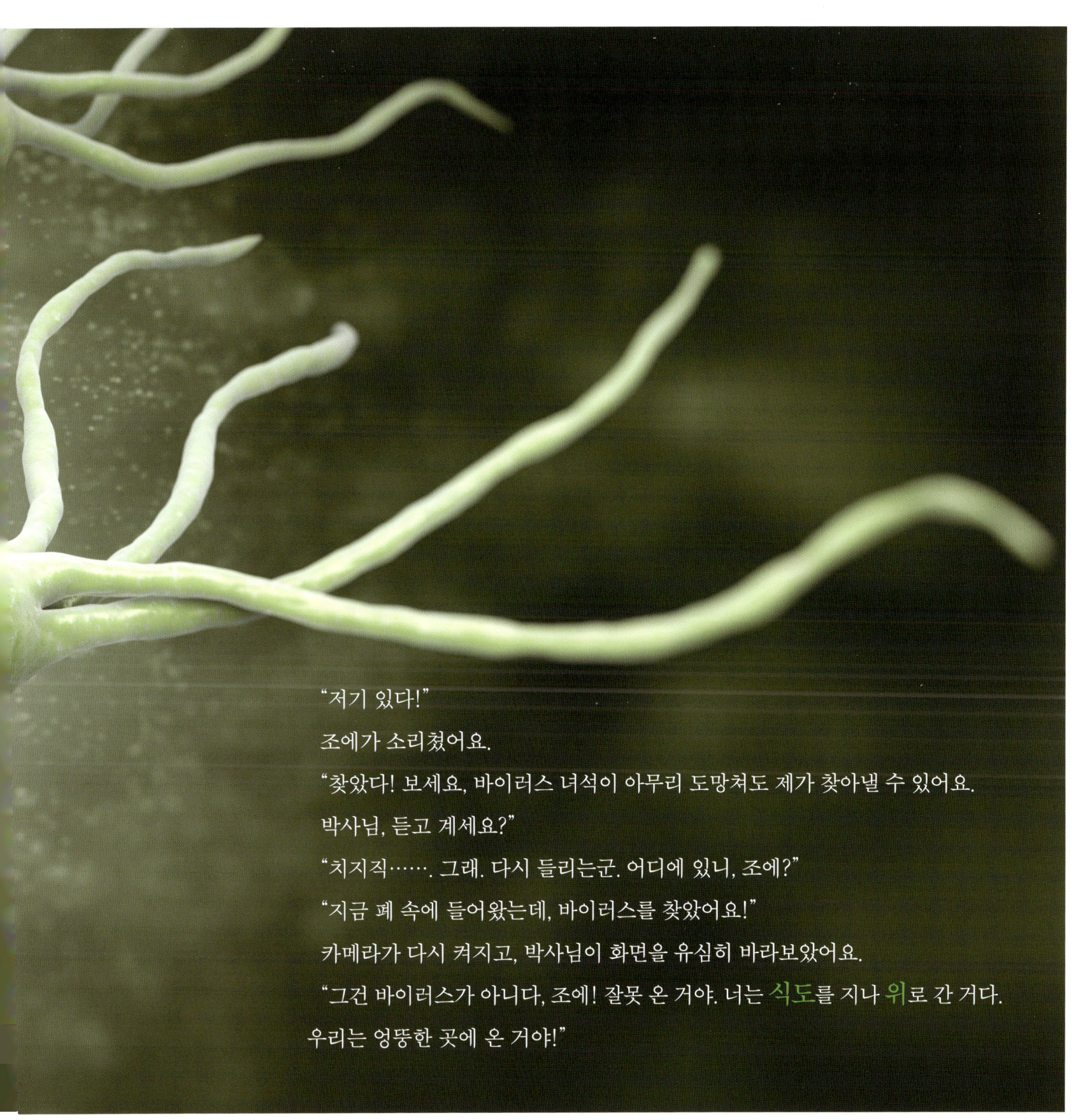

"찾았다! 보세요, 바이러스 녀석이 아무리 도망쳐도 제가 찾아낼 수 있어요. 박사님, 듣고 계세요?"

"치지직……. 그래. 다시 들리는군. 어디에 있니, 조에?"

"지금 폐 속에 들어왔는데, 바이러스를 찾았어요!"

카메라가 다시 켜지고, 박사님이 화면을 유심히 바라보았어요.

"그건 바이러스가 아니다, 조에! 잘못 온 거야. 너는 식도를 지나 위로 간 거다. 우리는 엉뚱한 곳에 온 거야!"

"하지만 좋은 생각이 있다. 옆에 붉은색 벽이 보이니?"

박사님이 말했어요.

"커다란 붉은 밧줄처럼 생긴 것 말이에요?"

"그래, 그거. 근육 벽이라고 하는데, 거기에서 틈새를 찾아야 해. 그러면 다시 혈관에 다다를 거야. 운이 좋다면 기도로 가는 지름길을 찾을지도 모르지."

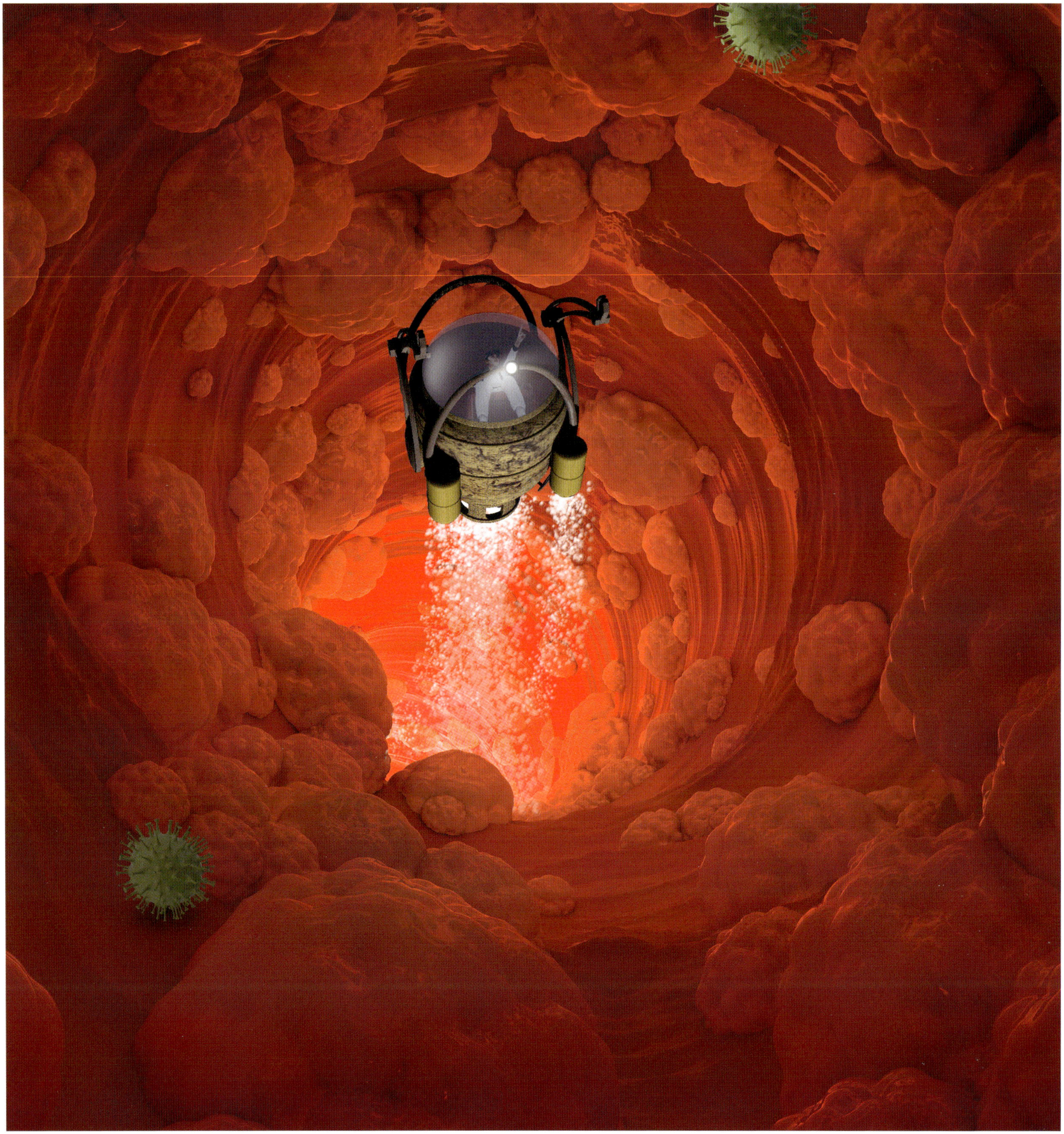

박사님 말이 맞았어요. 박사님의 계획대로 착착 진행되었지요.

"으악!"

조에가 소리를 질렀어요.

"벽에 저 끈적끈적한 기름 덩어리 좀 보세요. 마치 콧물 같아요."

"네 말이 맞다, 조에. 하지만 좋은 신호야. 폐가 바이러스에 감염되었으니까, 침입자에 맞서 몸을 보호하려고 점액을 만들고 있는 중이거든. 안타깝지만 몸이 바이러스에게서 완전히 벗어나기에는 부족해 보이는구나. 그러니 아직 우리가 필요하지."

"저것 보세요, 박사님! 콧물 덩어리 뒤, 초록색 바이러스예요."

"나도 보인다. 따라가거라!"

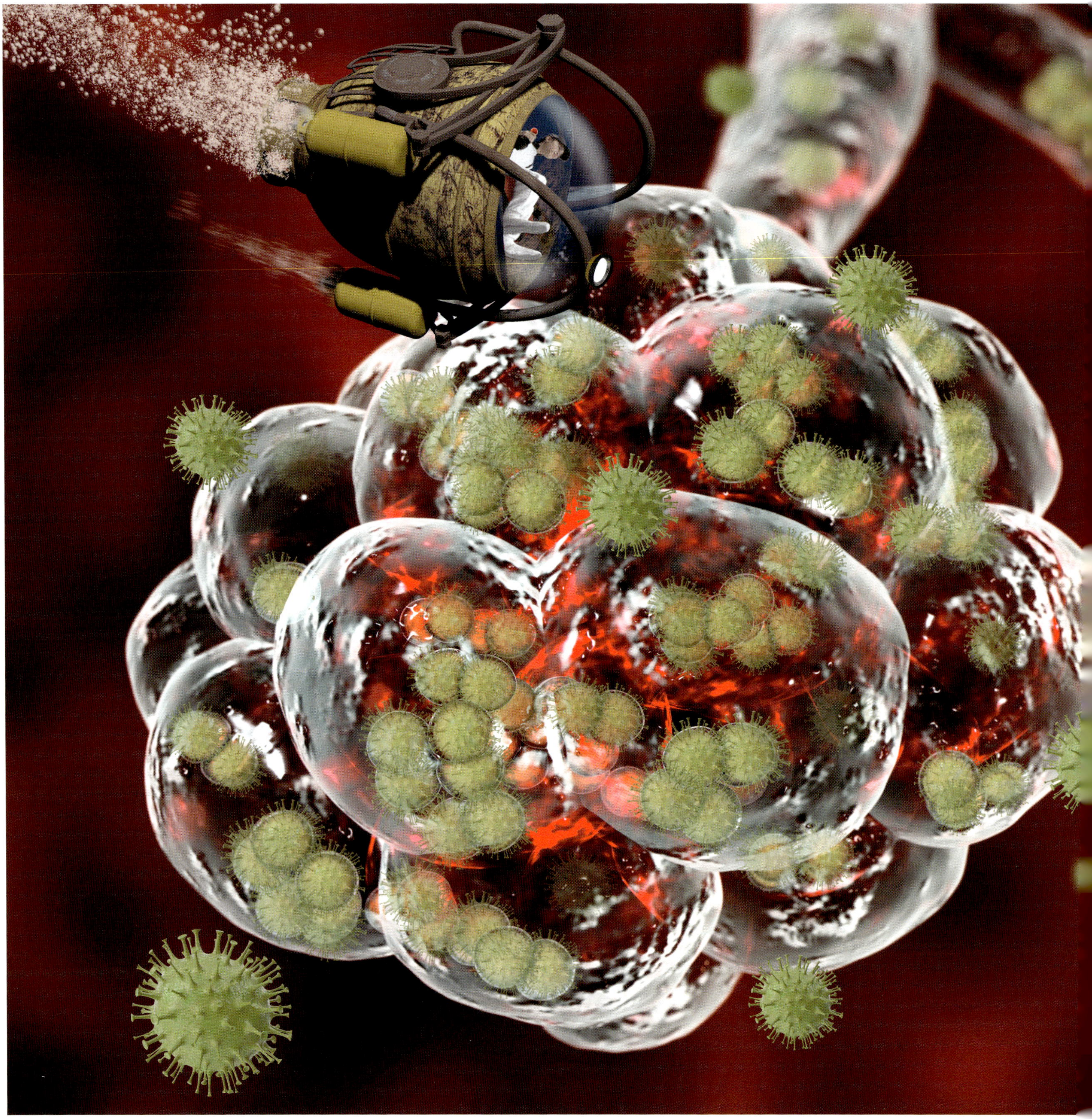

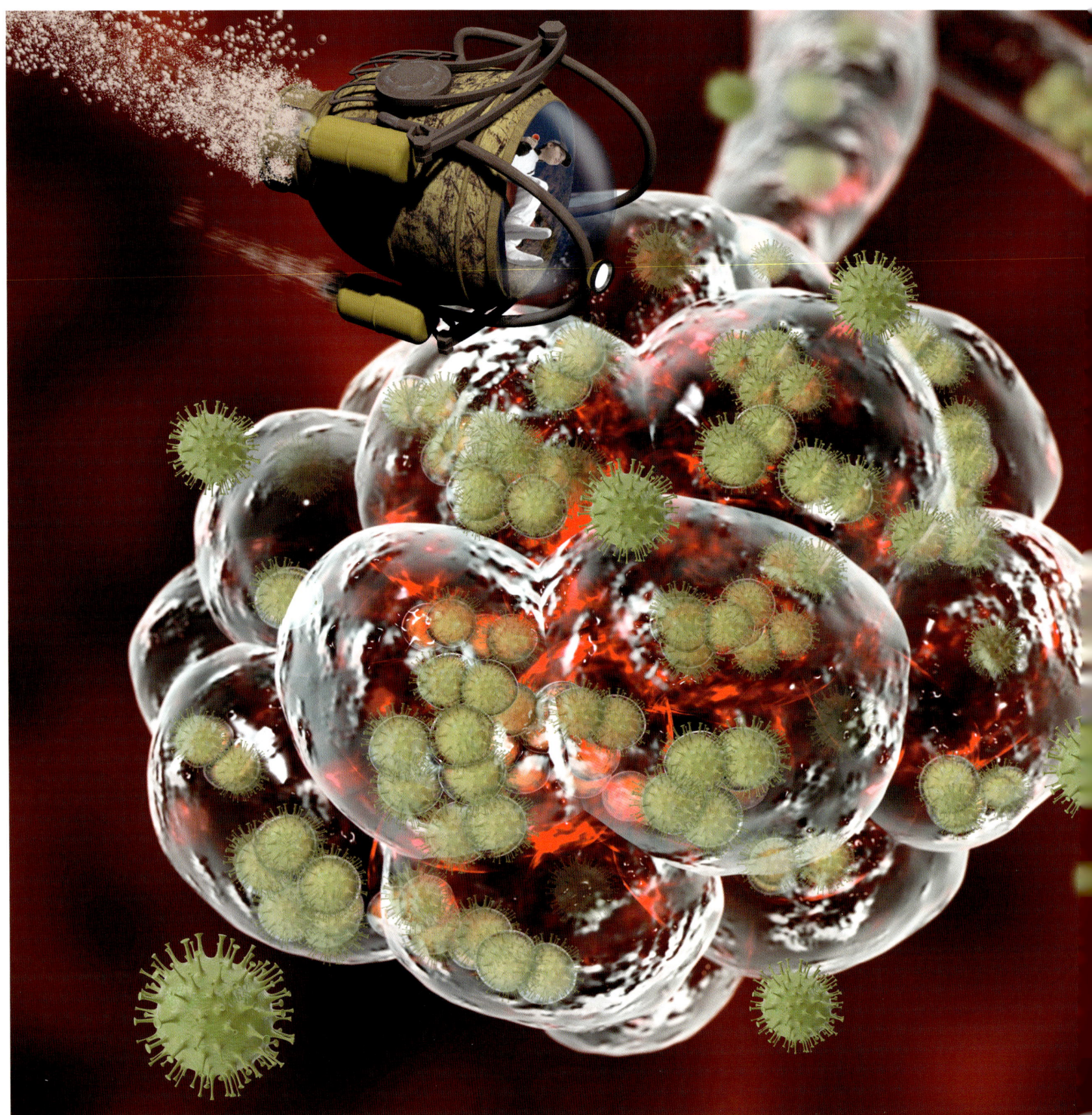

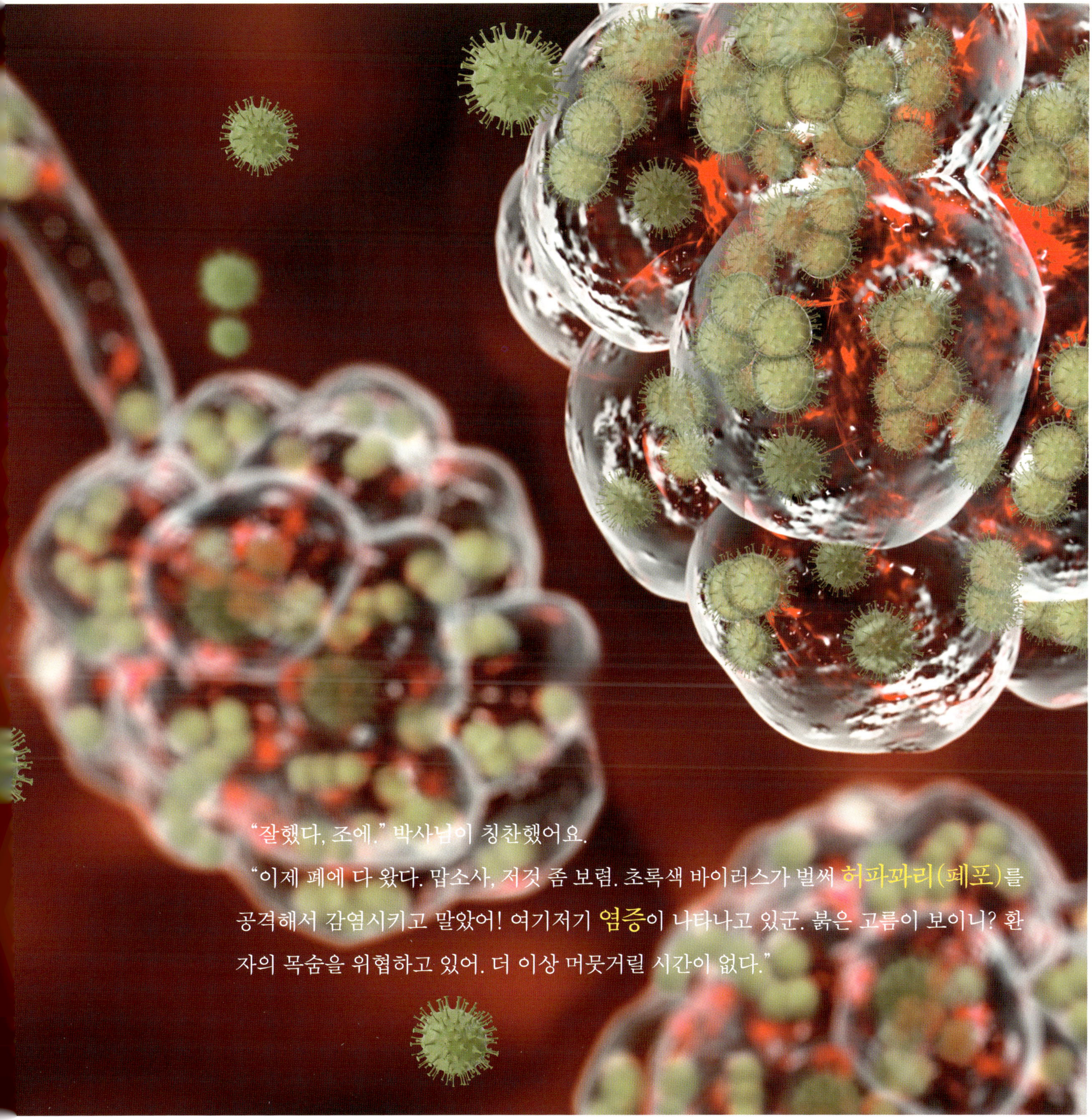

“잘했다, 조에.” 박사님이 칭찬했어요.

“이제 폐에 다 왔다. 맙소사, 저것 좀 보렴. 초록색 바이러스가 벌써 허파꽈리(폐포)를 공격해서 감염시키고 말았어! 여기저기 염증이 나타나고 있군. 붉은 고름이 보이니? 환자의 목숨을 위협하고 있어. 더 이상 머뭇거릴 시간이 없다.”

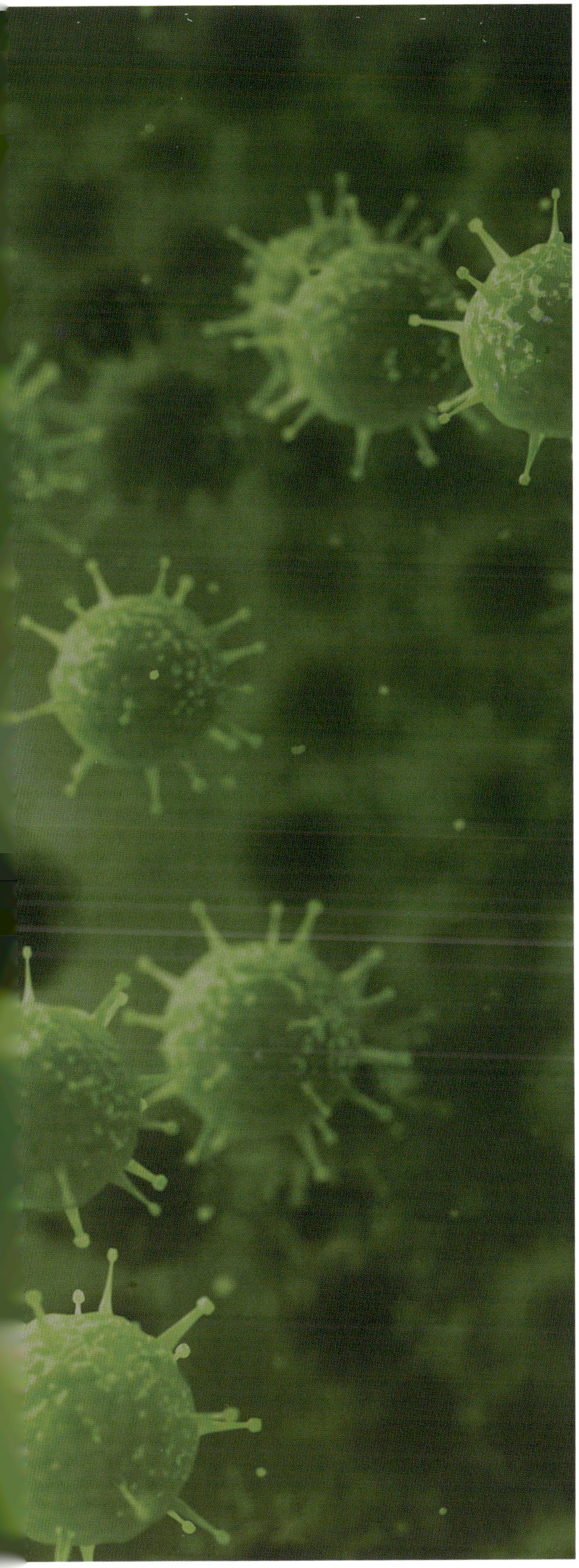

"박사님, 저 바이러스들 좀 보세요! 엄청나게 많아요! 저를 공격할까 봐 무서워요."

"침착하렴, 조에. 그 잠수함은 아주 튼튼하게 만들어졌어. 덕분에 코끼리가 와서 쾅쾅 밟아도 괜찮을 정도로 강하단다. 어서 가서 집게로 바이러스를 잡아 보아라. 네가 전에 다른 바이러스를 잡았을 때처럼. 하지만 너무 꽉 잡으면 안 된다! 연구를 위해서는 살아 있는 바이러스가 필요해."

"말이야 쉽지요, 박사님. 바이러스들이 너무 빨리 왔다 갔다 해요!"

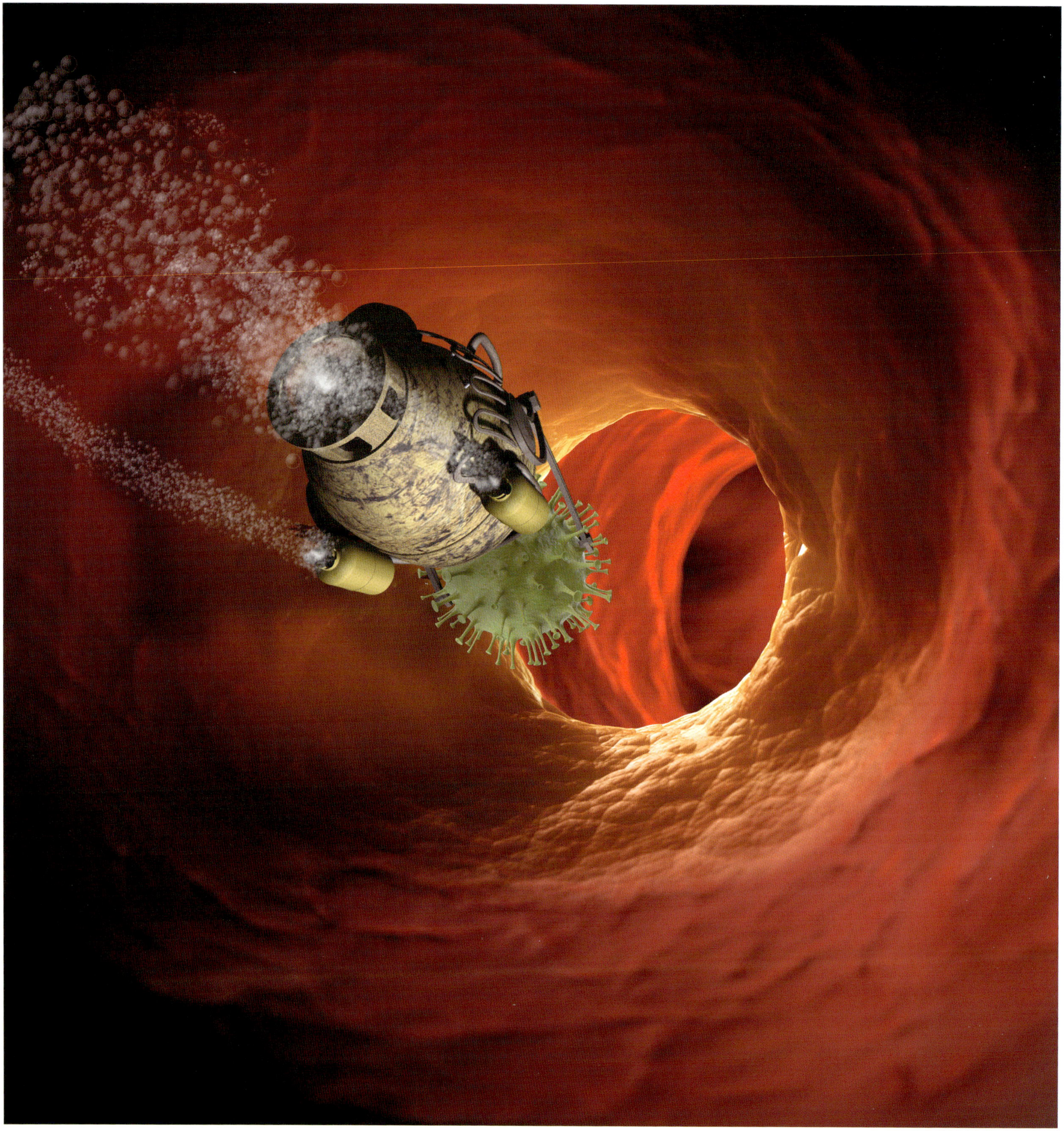

드디어 조에가 잠수함 집게로 바이러스를 제대로 잡아 내었어요.

“잡았다! 이제 어떻게 해요?”

“잘 들어라.”

박사님이 대답했어요.

“환자가 몸을 회복하도록 도와주려면, 이제부터 환자 스스로 저 초록색 악당들을 공격하도록 해 주어야 해. 그게 효과가 있다면 나중에 바이러스가 침입하더라도 환자의 몸이 적절히 막아 낼 수 있을 게다. 가능한 빨리 골수로 가거라. 거기에 백혈구가 있거든. 강력한 잠복 군대라 할 수 있지. 우리에게 큰 도움이 되지만, 지금은 환자가 바이러스의 공격을 받고 있다는 사실을 모르고 있어. 그러니 우리가 무슨 일이 일어나고 있는지 알려야 해.”

“알겠어요! 어떻게 가야 하는지 알려 주세요, 박사님!”

조에가 탄 잠수함은 스펀지 같은 벽을 뚫고 슝 지나갔어요.

"회색 조직이 보이니?" 박사님이 물었어요.

"골수를 둘러싸고 있는 장벽이란다. 그 사이를 지나가야 해. 그 뒤에 골수와 백혈구가 보일 거야."

"조에, 저쪽에 세포가 보이지? 그게 T세포*란다. 저 녀석들을 깨워서 싸우게 만들어야 해. 평소에는 환자의 몸이 알아서 하는데, 지금은 어째서인지 작동하지 않는구나. 그러니 T세포들은 무슨 일이 일어나고 있는지 모를 수밖에. 방어 체계를 활성화하기 위해 저 바이러스를 T세포가 있는 곳으로 데려가야 한다."

"박사님, 보세요! T세포에서 하얀 조각들이 나오고 있어요."

"좋아. 네가 T세포를 깨워서 활동하게 만들고 있다는 뜻이지. 이제 아주 빠른 속도로 자가 복제를 할 거다. 저 하얀 조각들은 면역세포인 NK세포**라고 해. 이제 곧 바이러스를 죽일 병사를 얻게 될 거야."

* **T세포** | 골수에서 만들어져서 흉선에서 성숙되는 면역세포로, 항체를 만든다.

** **NK세포** | 자연살해세포(Natural Killer Cell)로 암세포나 바이러스 감염 세포 등 비정상 세포를 스스로 감지하고 즉각적으로 제거하는 면역세포

드디어 **면역 체계**가 활동을 시작했어요.
조에는 숨을 죽이고 지켜보았어요.

"아주 완벽해, 조에! 이제 지금 당장 폐로 돌아가거라. 자연살해세포들이 싸우고 싶어 안달이 났지만 악독한 바이러스가 몸 어디에 있는지 모르고 있어. 네가 자연살해세포들을 그곳까지 데려다 주어야 한다."

조에는 전속력으로 달렸어요.

자연살해세포들은 마치 벌 떼처럼 조에의 뒤를 좇았지요.

폐는 알아볼 수 없을 정도로 변해 있었어요. 석탄처럼 시커멓게 되었지요.

"박사님, 무슨 일이 있었던 거예요?"

"바이러스가 허파꽈리(폐포)를 감염시켜 버렸군. 그래서 폐가 산소를 제대로 처리하지 못하고 있어. 다행히 우리가 환자에게 산소 호흡기를 달았어. 하지만 이대로 감염을 막지 못하면, 우리도 어찌할 도리가 없어. 그러면 환자는 숨을 거두고 말 거야."

"그렇게 놔두지 않을 거예요!"

조에가 단호하게 말했어요.

쾅!

바이러스가 조에를 공격했어요. 엄청난 속도로 잠수함의 유리창을 마구 두드렸지요.

끼이익!

유리창에 금이 갔어요.

"도와주세요, 박사님. **바이러스**에게 공격당하고 있어요!"

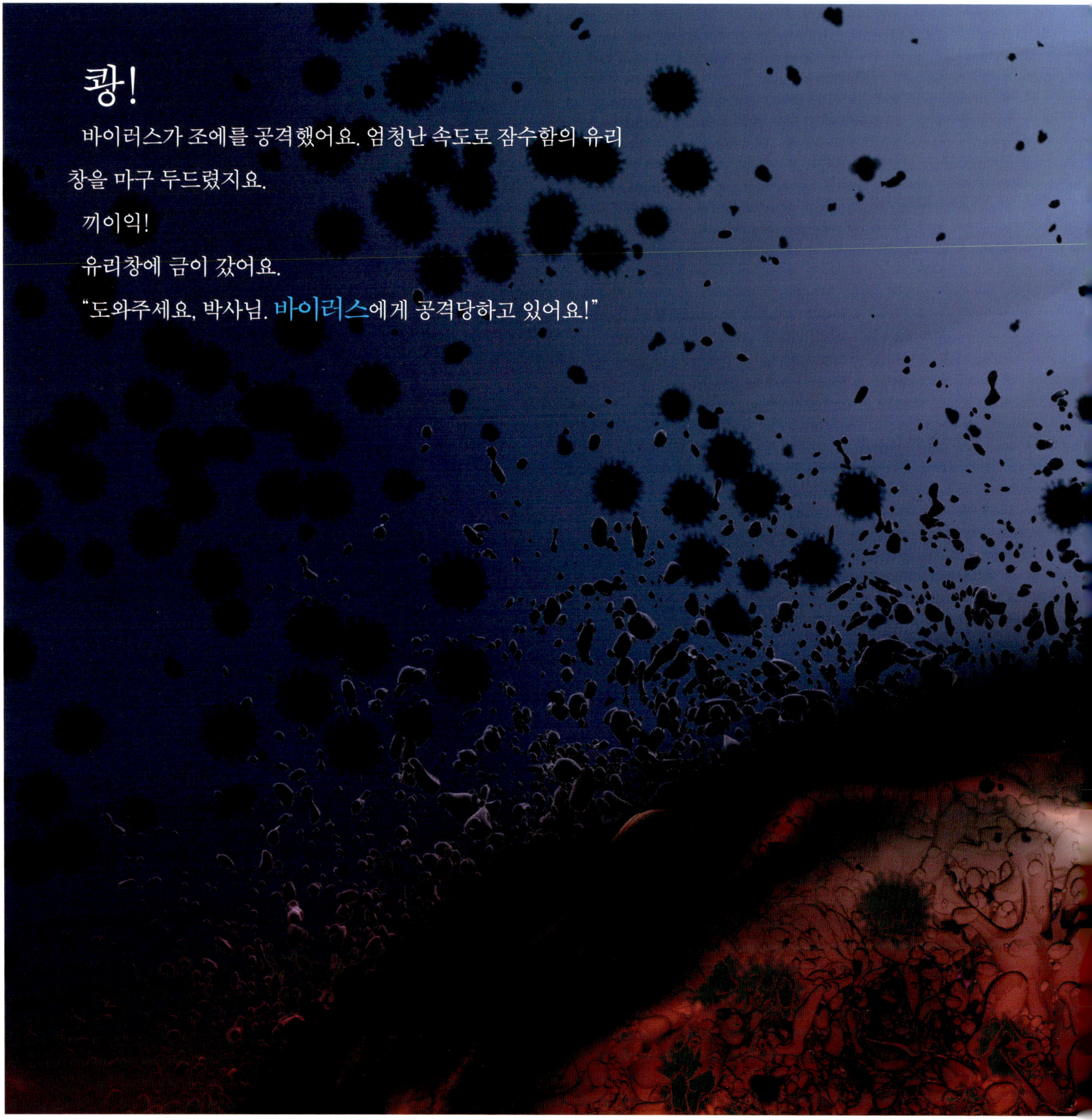

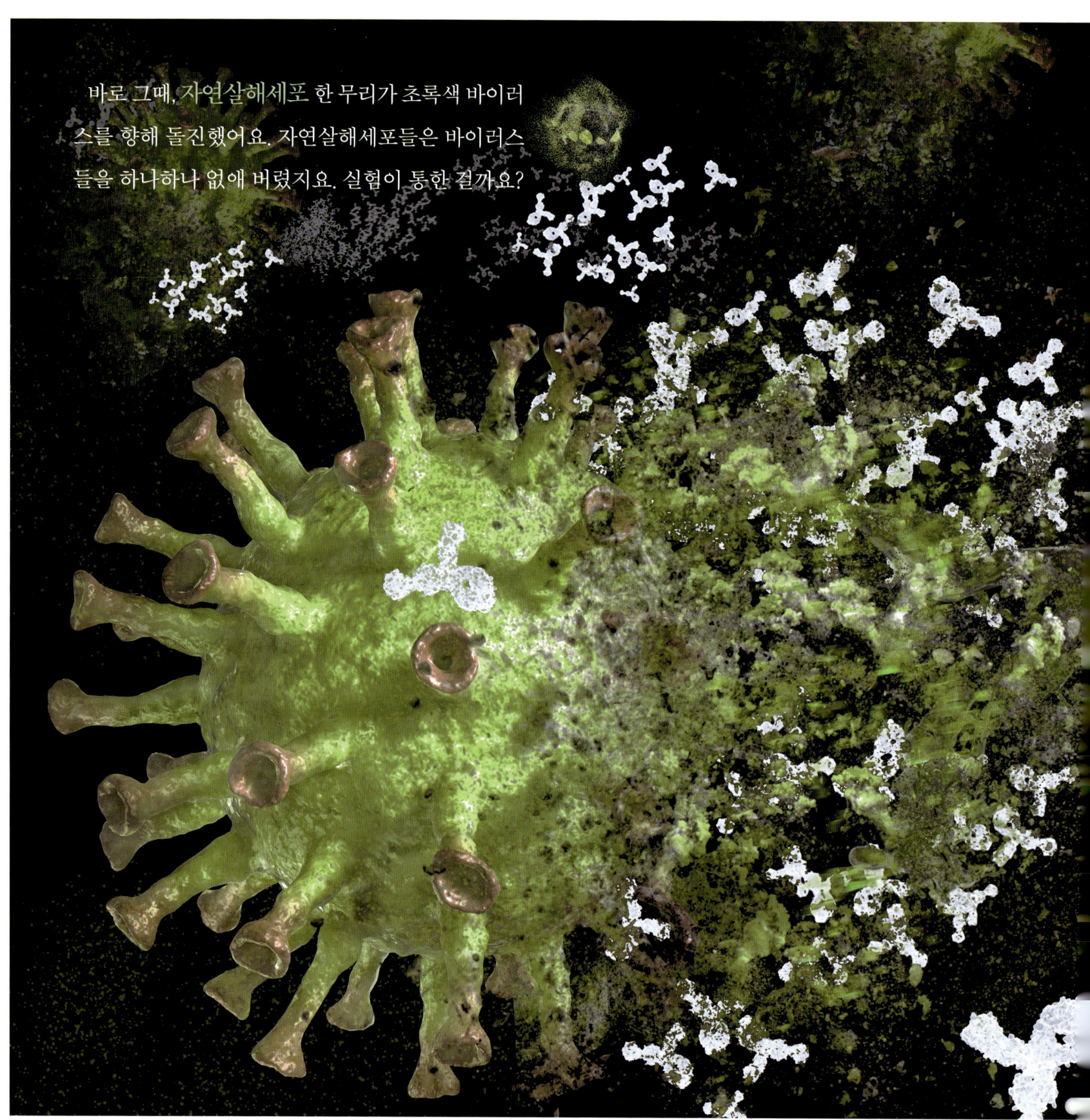

바로 그때, 자연살해세포 한 무리가 초록색 바이러스를 향해 돌진했어요. 자연살해세포들은 바이러스들을 하나하나 없애 버렸지요. 실험이 통한 걸까요?

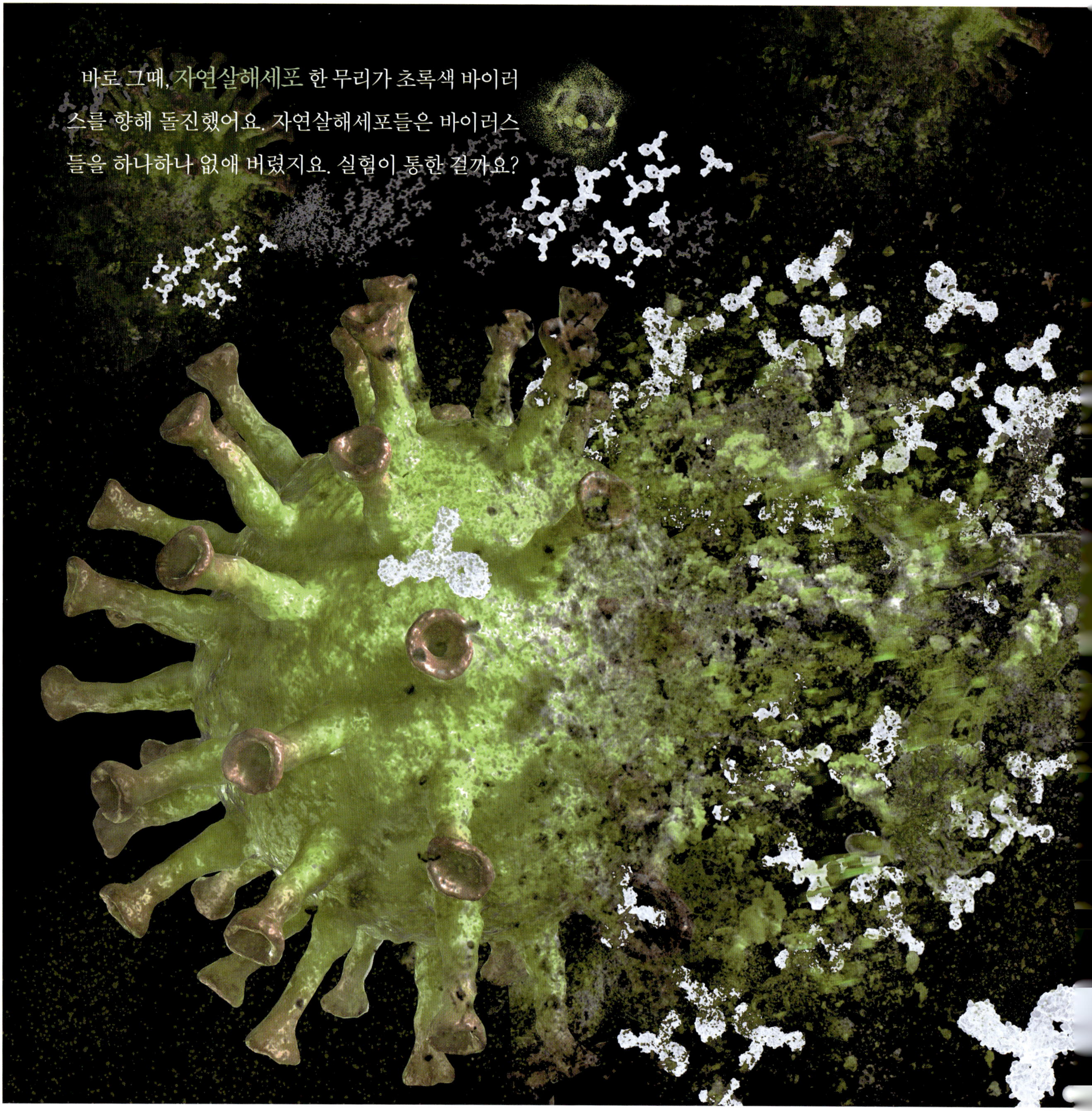

"조에, 이제 한 가지 더 중요한 일이 남았다. 자연살해세포를 하나 잡아서 환자 몸 밖으로 끌고 나와야 해. 세포를 연구해서 그 방법대로 약을 만들어 낼 수 있을 거야! 서둘러라, 창문이 완전히 깨지기 전에 나와야 해!"

하지만 너무 늦었어요. 폐는 온통 점액으로 뒤덮이고 말았지요. 잠수함이 끈적끈적한 액체 속으로 점점 가라앉았어요.

"도와주세요, 박사님! 나갈 수가 없어요! 마치 모래 늪 같아요."

"나한테 좋은 수가 있다. 잠수함 뚜껑을 열어 기어 올라가거라. 걱정하지 말고."

조에가 뚜껑을 열자, 아주 운이 좋게도 자연살해세포가 조에의 머리 위를 재빠르게 지나갔어요. 조에는 세포를 꽉 잡았지요.

"잡았다! 넌 나랑 같이 가야 해, 친구."

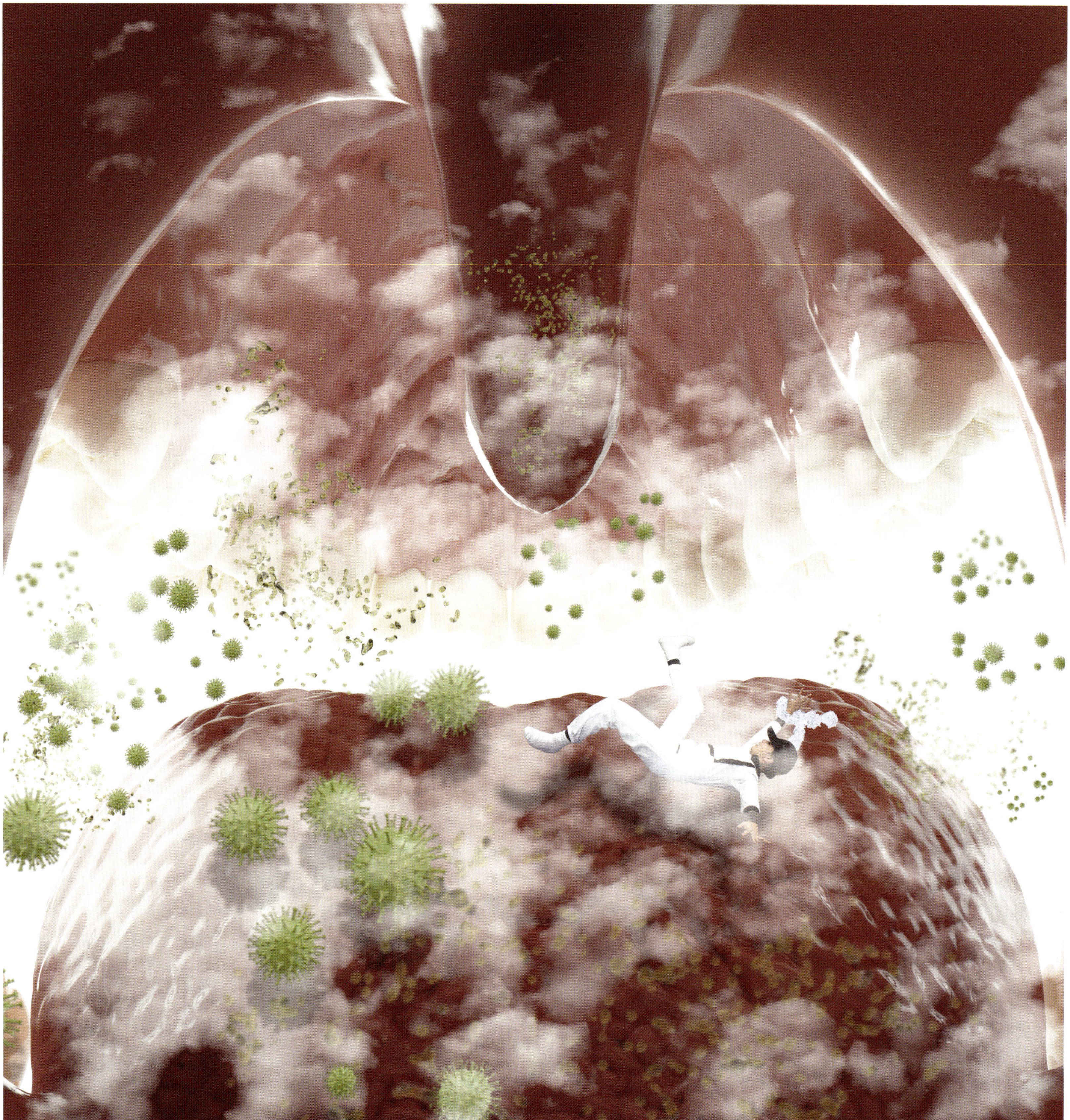

“에에에…… 에취!”

조에는 엄청난 바람과 함께 기도를 지나 입 밖으로 나왔어요. 손에는 자연살해세포가 단단히 들려 있었지요.

박사님이 함박웃음을 지었어요. 조에가 어떻게 나왔냐고요? 박사님이 깃털로 환자의 코 아래를 간질였거든요. 그러자 환자가 재채기를 했고, 조에가 밖으로 나온 거예요.

박사님은 조에를 깨끗하게 닦고는 확대기로 원래 크기로 되돌려 주었어요.

이로써 조에의 임무는 성공적으로 끝났지요.

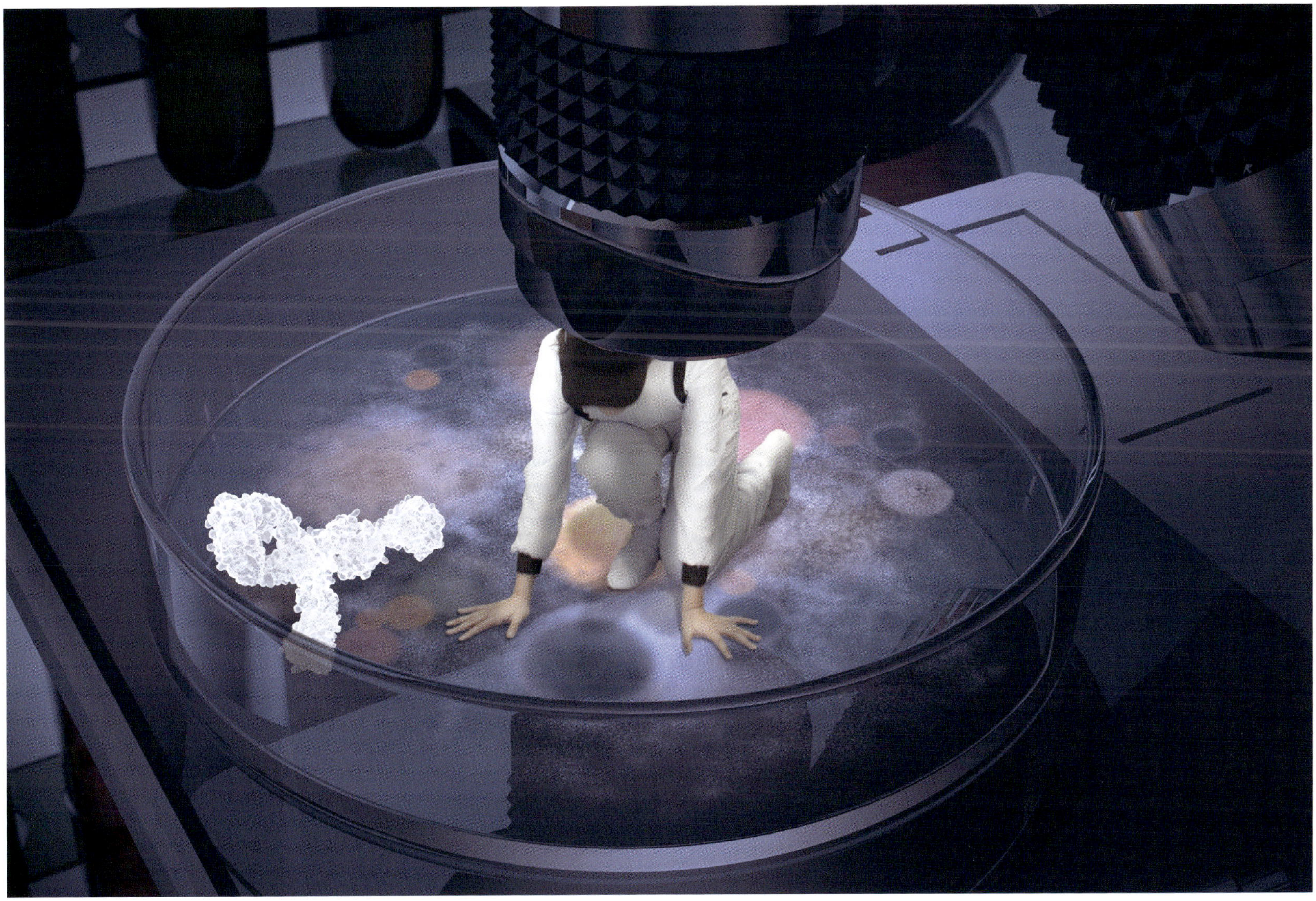

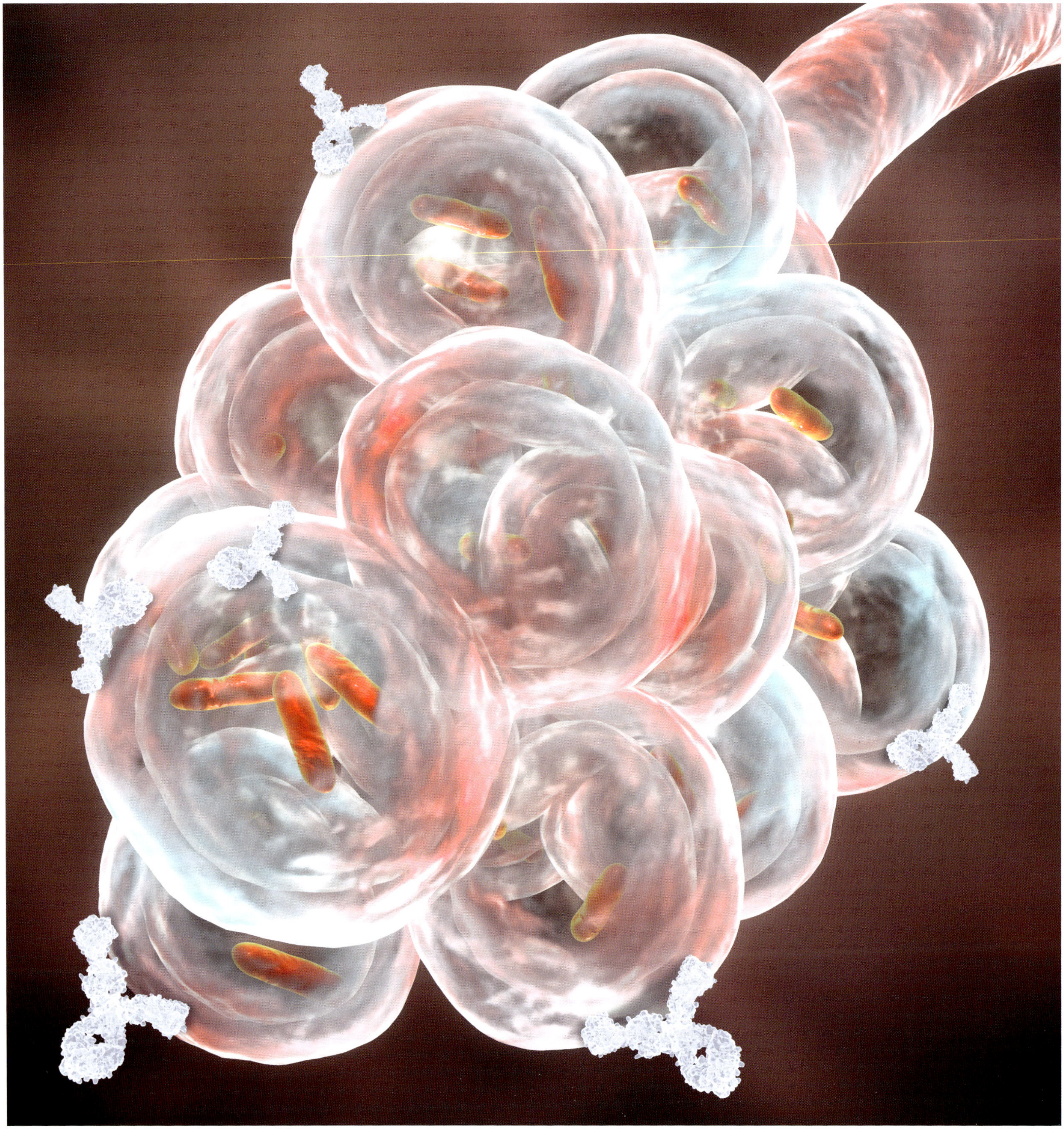

며칠이 지나고, 환자의 몸은 스스로 회복되었어요. 박사님은 조에의 놀라운 모험 덕분에 그 어디에서도 볼 수 없는 최고의 과학 지식을 얻었어요. 조에가 가져 온 **자연살해세포**는 연구실로 옮겨졌고, 이윽고 **바이러스**를 퇴치할 약이 개발되었어요. 조에와 박사님은 수많은 사람의 목숨을 구했어요. 이렇게 바이러스 사냥은 성공적으로 끝났지요!

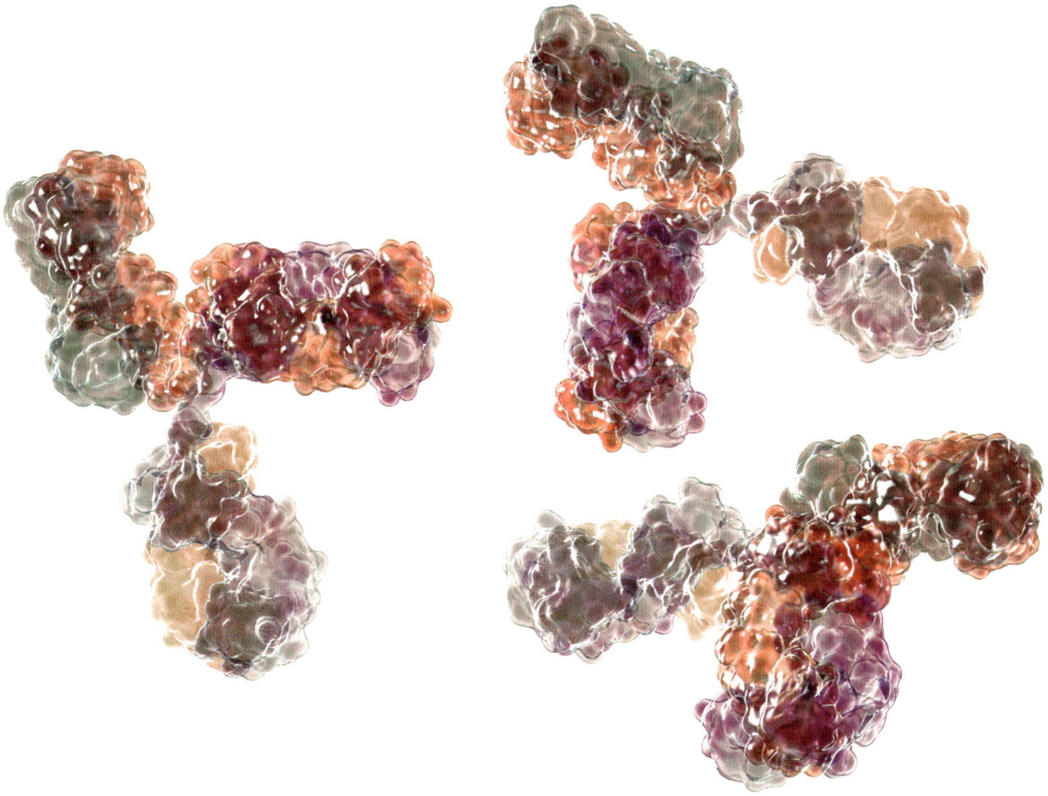

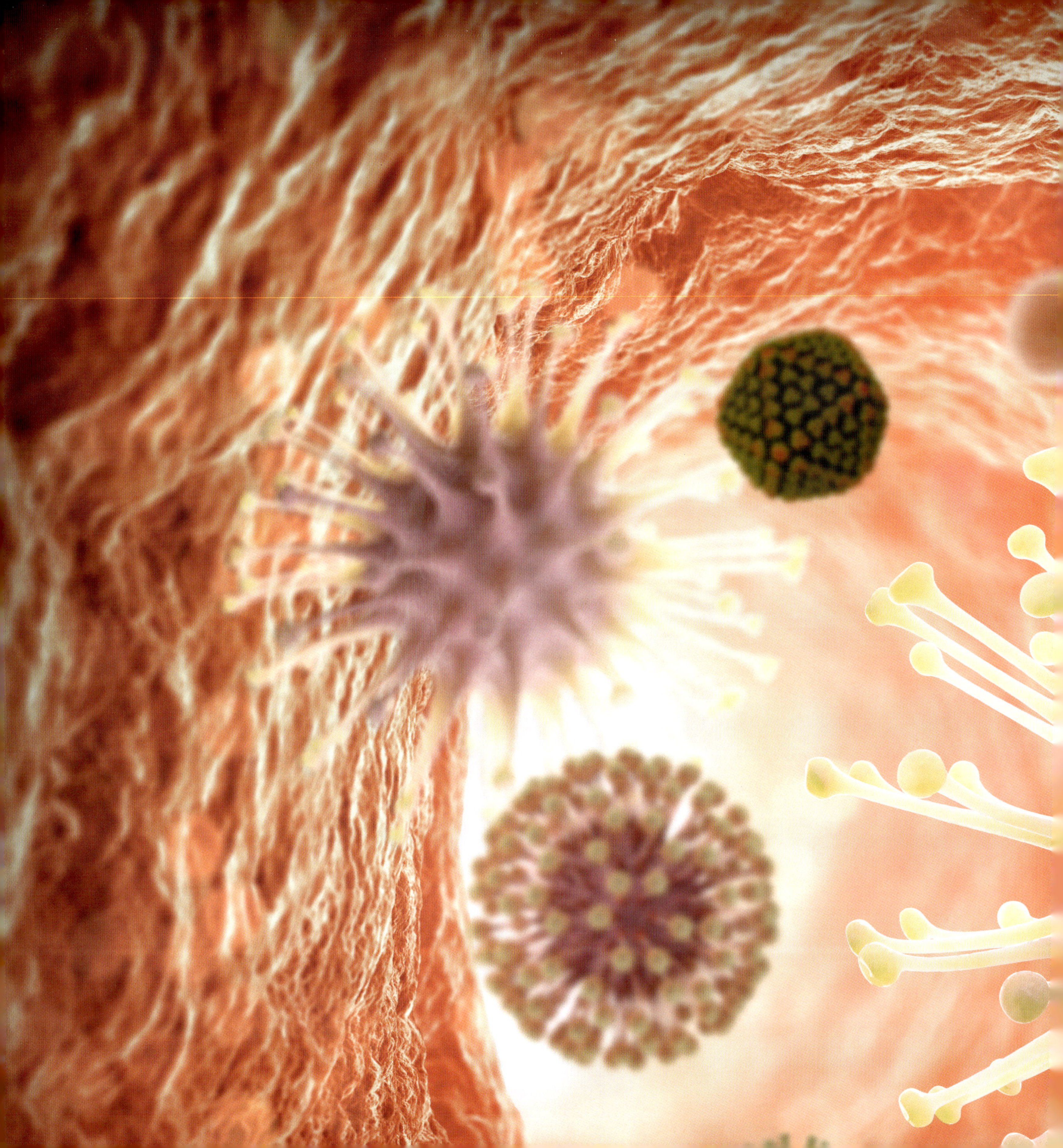

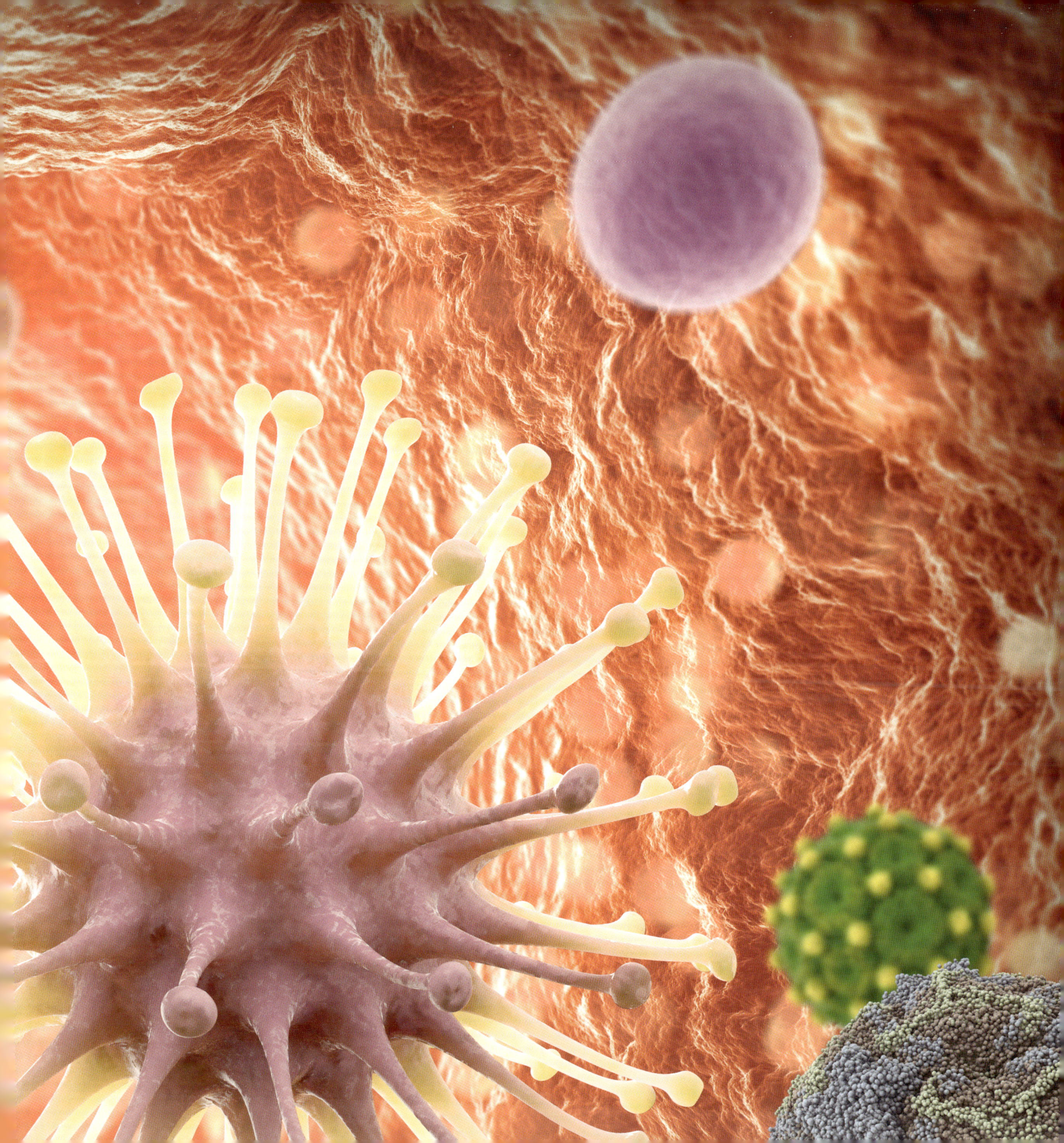

면역 체계

보안 장치 모두 이상 없이 작동 중! 여러분은 알아채지 못하겠지만, 우리 몸은 끊임없이 스스로를 보호하고 있어요. 세균이나 바이러스 등이 여러분의 몸속에 침입하려고 호시탐탐 노리고 있기 때문이지요. 만약 몸이 이들을 막아 내지 못하면 우리는 심한 병에 걸리지요. 다행히 여러분의 몸에는 강력한 방어막이 있어요. 이를 면역 체계라고 불러요.

신체적 장벽

면역 체계는 여러분의 몸을 보호하기 위해 온갖 수를 써요. 우선 신체적 장벽이라 부르는 것이 있어요. 말 그대로 여러분의 몸과 외부 사이의 경계를 뜻하지요. 예를 들어 여러분의 피부는 세균이 몸속으로 들어오지 못하도록 막는 역할을 해요. 그리고 세균이 몸속으로 들어온다 해도, 목에서 나오는 가래라든지 입속의 침, 배 속의 위액 등이 가능한 빨리 해로운 물질을 없애려고 하지요.

면역

거의 대부분 여러분의 신체적 장벽은 제대로 작동하지만, 때로 나쁜 물질이 어떻게든 몸속으로 들어오기도 해요. 그러면 선천 면역이 반응하기 시작하지요. 선천 면역은 여러분이 태어났을 때부터 가지고 있는 저항력이에요. 포식세포, 즉 침입자를 추적하여 먹어버리는 특별한 세포가 대표적인 예지요.

후천 면역

어떤 세균은 선천 면역을 뚫을 정도로 똑똑하기까지 해요. 다행스럽게도 우리 몸에서는 후천 면역도 작동하지요. 우리가 살아 있는 동안, 면역 체계가 세균에 어떻게 대응해야 할지 끊임없이 공부한다는 뜻이에요. 새로운 물질이 들어오면 우리 몸은 이전에 어떻게 했는지 기억해요. 따라서 그 물질이 나중에 공격하려 해도 우리 몸은 적절하게 대처할 수 있는 것이지요.

백신

그 다음으로 기본적인 원칙은 예방 접종을 하는 것이에요. 의사가 여러분의 몸에 죽거나 약해진 세균을 넣는 것이지요. 이것을 백신이라고 해요. 세균이 들어간다고 해서 아프거나 하지는 않지만, 몸은 침입자에 어떻게 반응해야 하는지 학습할 수 있어요. 침입 물질이 나중에 또 들어온다 해도 여러분의 면역 체계는 막을 준비가 되어 있지요.

미래

새로운 바이러스가 발견되면 과학자들은 바이러스의 정체를 파악하기 위해 매우 열심히 연구해요. 바이러스는 어떻게 움직이는 걸까요? 바이러스 때문에 어떤 사람이 병을 앓게 될까요? 그리고 우리는 바이러스에 대응하여 무엇을 할 수 있을까요? 오랜 시간 동안 우리는 홍역 바이러스와 함께 살아왔어요. 그리고 최근에는 코로나19 바이러스가 우리를 괴롭히고 있지요. 새로운 세균은 언제든지 또 생길 거에요. 하지만 새로운 면역 체계 역시 그에 맞서 만들어지겠지요. 모든 보안 장치가 작동 중이니까요!

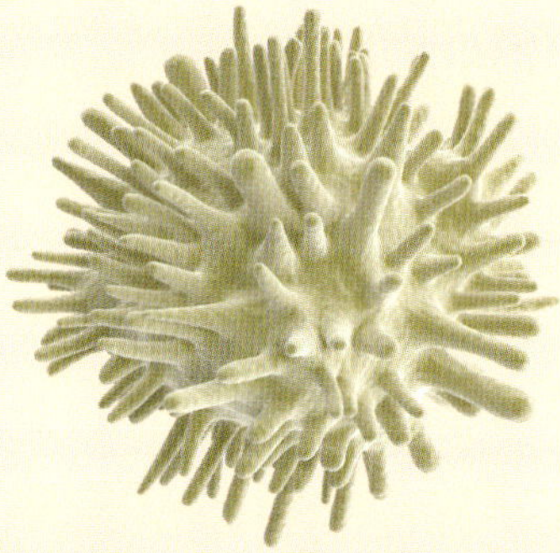

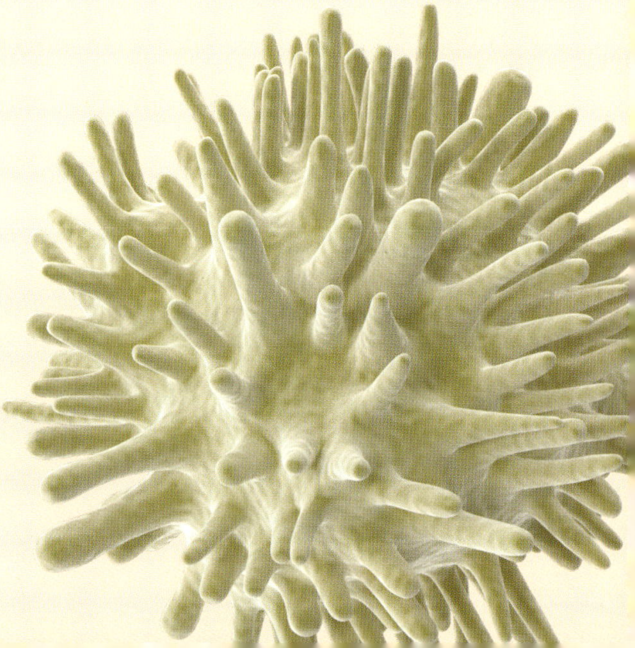

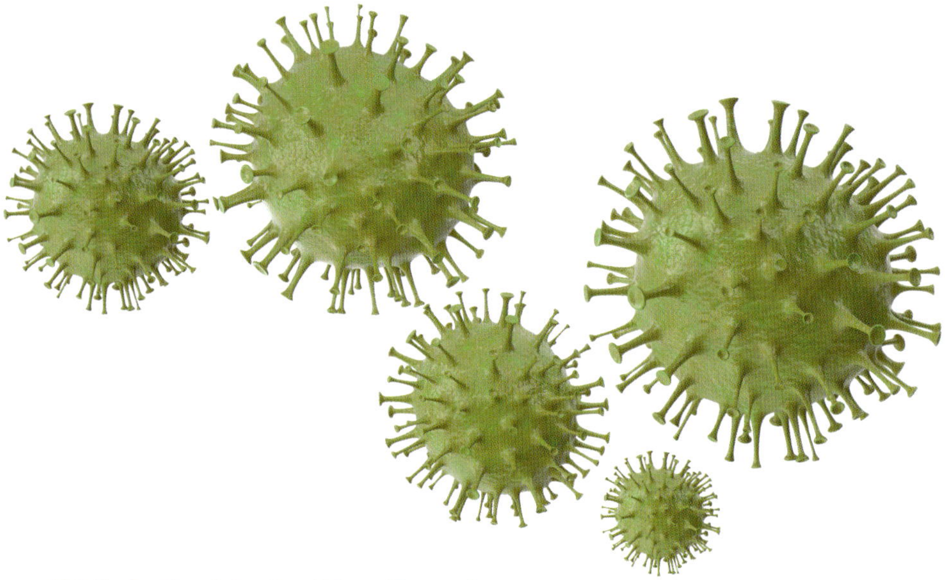

몸속으로 떠나는 즐거운 여행!

이 책은 바이러스와 면역에 관한 내용을 담고 있습니다. 코로나19로 인해 바이러스에 관심이 있는 학생들에게 아주 유익한 책입니다.

가상의 축소 기술을 이용하여 세포보다 작은 크기로 작아진 주인공이 잠수함을 타고 우리 몸의 혈관, 코, 폐, 신경 세포를 돌아보며 관찰한 내용을 그림으로 그려냈습니다. 특히 바이러스의 침입에 대하여 우리 몸이 어떻게 면역 체계를 가동하고 대응하는지에 대해 재미있게 설명하고 있습니다. T세포, 자연살해세포(NK세포)가 바이러스와 싸우는 장면도 생동감 있게 나타나 있어서 어려울 수도 있는 면역세포의 작용을 더욱 쉽게 이해할 수 있습니다.

아주 작은 크기가 되어 몸속을 여행한다는 것은 상상만 해도 즐겁습니다. 여러분에게도 몸속으로 떠나는 여행을 권해 봅니다.

– 서울과학교사모임 곽효길(대성중학교 교사)

이야기를 좀 더 생생하고 이해하기 쉽게 들려주고자, 저는 제 상상력을 자유롭게 활용했습니다. 사실 인간의 면역 체계는 이 책에서 나온 것보다 훨씬 더 복잡하답니다.

– 톤 쾨네

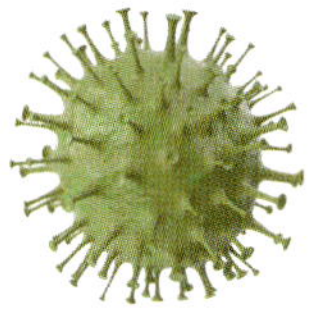

쓰고 그린이 톤 쾨네 Ton Koene

그림책과 사진집을 만드는 일러스트레이터이자 사진작가입니다. 그밖에 영화도 만들고 강의도 하고 있습니다. 지금은 가족과 함께 네덜란드에 있는 아름다운 텍셀 섬의 농장에서 살고 있습니다. 『바이러스 사냥꾼』은 우리나라에 처음으로 소개되는 작품입니다.

작가 홈페이지 www.tonkoene.nl

옮긴이 김미선

중앙대학교 사학과를 졸업하고 미국 마켓대학교에서 커뮤니케이션으로 석사 학위를 받았습니다. 지금은 어린이와 청소년 책 기획과 번역을 하고 있습니다. 그동안 옮긴 책으로는 『아홉 시에 뜨는 달』, 『헬로 젤리피쉬』, 『양말이 사라졌어!』, 『미리 보는 지구 과학책』, 『언제나 나에게 힘이 되어 준 말』, 『바다로 간 페넬로페』, 『이게 정말 정답일까?』, 『바이러스 사냥꾼』 등이 있습니다.

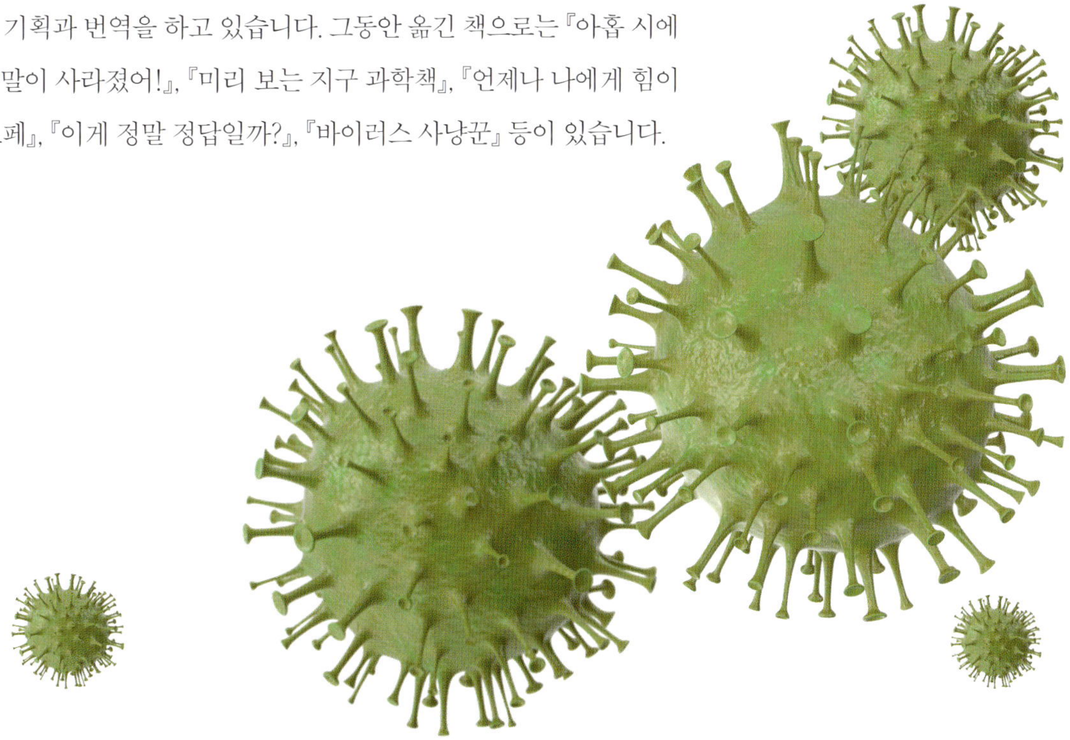

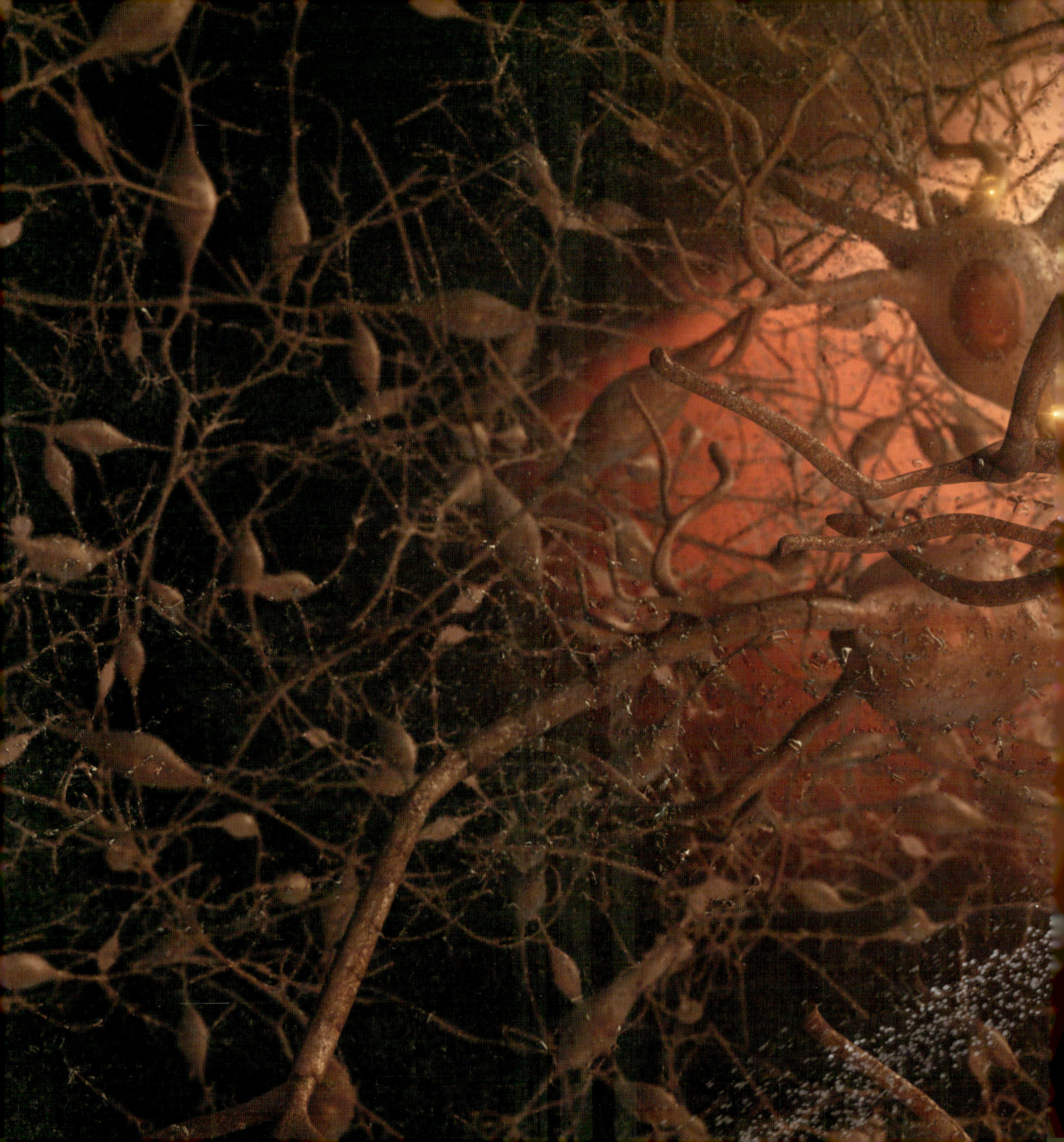